Türkler İçin

ERMENİ SORUNU

ve Çözüm Yolları El Kitabı

Dr.Tahir Tamer Kumkale

Türkler İçin

ERMENİ SORUNU

ve Çözüm Yolları El Kitabı

ERMENİ ASALA ÖRGÜTÜ TARAFINDAN ŞEHİT EDİLEN DİPLOMATLARIMIZ

Bu çalışmayı Ermeni ASALA Örgütü tarafından vahşice katledilen Türkiye Cumhuriyeti Dışişleri Bakanlığı mensubu aziz şehitlerimize ithaf ediyorum.

Dr.Tahir Tamer Kumkale

ERMENİ SOYKIRIMI YALANLARI HAKKINDA ATATÜRK NE DİYOR?

 **ATATÜRK DİYOR Kİ;**

Ermeni meselesi denilen ve Ermeni milletinin gerçek çıkarlarından ziyade dünya kapitalistlerinin ekonomik çıkarlarına göre halledilmek istenen mesele, Kars Antlaşması ile en dogru çözüm seklini buldu.

Asırlardan beri dostane yaşayan iki çalışkan halkın dostluk bağları memnuniyetle tekrar kuruldu.

(*) Gazi Mustafa Kemal Atatürk, 1 Mart 1922 - TBMM Üçüncü Toplanma Yılı Açış Konuşmasından

ATATÜRK DİYOR Kİ;

Şüphe edilmemek gerekirdi ki, Ermeni katliamı konusundaki sözler, gerçeğe uygun değildi. Aksine, güney bölgelerinde, yabancı kuvvetler tarafından silâhlandırılan Ermeniler, gördükleri koruyuculuktan cür'et alarak bulundukları yerlerdeki Müslümanlara saldırmakta idiler.

İntikam düşüncesiyle her tarafta insafsız bir şekilde öldürme ve yok etme siyaseti gütmekte idiler. Maraş'taki feci olay bu yüzden çıkmıştı. Yabancı kuvvetler ile birleşen Ermeniler, top ve makineli tüfeklerle Maraş gibi eski bir Müslüman şehrini yerle bir etmişlerdi. Binlerce çaresiz ve suçsuz ana ve çocukları işkenceyle öldürmüşlerdi.

Tarihte bir benzeri görülmemiş olan bu vahşeti yapanlar Ermenilerdi. Müslümanlar yalnız namuslarını ve canlarını korumak amacıyla karşı koymuşlar ve kendilerini savunmuşlardı. 20 gün süren Maraş katliamı esnasında, Müslümanlarla birlikte şehirde kalan Amerikalıların, bu olay hakkında İstanbul'daki temsilcilerine çektikleri telgraf, bu faciayı yaratanları, yalanlanamayacak bir şekilde ortaya koymakta idi.

Adana ili içindeki Müslümanlar, tepeden tırnağa kadar silâhlandırılmış olan Ermenilerin süngülerinin baskısı altında her dakika öldürülmek tehlikesi ile karşı karşıya bulunuyorlardı.

Canlarının ve bağımsızlıklarının korunmasından başka bir şey istemeyen Müslümanlara karşı uygulanan bu zulüm ve yok etme politikası, medenî insanlığın dikkatini çekecek ve onları insafa getirecek nitelikte iken, aksinin yapıldığını iddia ederek ondan vazgeçilmesini isteme gibi bir teklif nasıl ciddî olarak kabul edilebilirdi?

(*) NUTUK-1927

ATATÜRK DİYOR Kİ;

Vilayet-i Şarkiye Müdafaa-i Hukuk-ı Milliye Cemiyeti'nin kuruluş amacı da; (tüzük 2. maddesi), Doğu illerinde oturan bütün halkın dini ve siyasi haklarının serbestçe kullanılmasını sağlayacak meşru yollara başvurmak, bu illerdeki Müslüman halkın tarihi ve milli haklarını gerektiğinde medeniyet dünyası karşısında savunmak, Doğu illerinde yapılan zulüm ve cinayetlerin sebepleri ile bunları işleyenler ve sebep olanlar hakkında tarafsız soruşturma yapılarak suçluların sür'atle cezalandırılmalarını istemek. Yerli halk ile azınlıklar arasındaki anlaşmazlığın giderilmesine ve eskiden olduğu gibi iyi ilişkilerin sağlamlaştırılmasına gayret etmek, savaş durumunun Doğu illerinde yarattığı yıkım ve yoksulluğa, hükümet nezdinde teşebbüslerde bulunarak elden geldiğince çare aramaktan ibaretti.

İstanbul'daki yönetim merkezinden verilmiş olan direktife uygun olarak Erzurum şubesi, Doğu illerinde Türk'ün haklarını korumakla birlikte, Ermeni göçü sırasında görülen kötü davranışlarla halkın hiçbir ilgisi bulunmadığını, Ermeni mallarının Rus istilasına kadar korunduğunu, buna karşılık Müslümanlara gaddarca davranıldığını; hatta verilen emre aykırı olarak, göçten alıkonan bazı Ermenilerin koruyucularına karşı yaptıkları kötülükleri, güvenilir belgelerle medeniyet dünyasına duyurmaya ve Doğu illerine dikilmiş olan hırs yüklü bakışları hükümsüz bırakacak çalışmalar yapmaya karar veriyor.

(*) NUTUK-1927

ERMENİ SORUNU

İÇİNDEKILER

BAŞLARKEN

Bulunduğu hassas Ortadoğu coğrafyasında her alanda kuşatılmış olan ve psikolojik saldırılarla içeriden teslim alınmaya çalışılan Türkiye'nin gündemini en fazla işgâl eden konulardan biri temelsiz ve tutarsız "Ermeni Soykırımı" iddialarıdır.

Aslında Türkiye'nin kendi içinde böyle bir sorunu yoktur. Lozan Antlaşmasına göre azınlık statüsündeki Ermenilerin diğer yurttaşlarımızdan hiç farkı yoktur. Tam bin yıl Müslüman Türk toplumu ile uyum içinde bir arada yaşayan Türkiye Ermenileri, tamamen dış kaynaklı ve dış destekli olarak geçmişte yaratılan ve bugün de ülkemizde çıkarı olan küresel odaklarca canlı tutulan Ermeni soykırımı iddialarından en fazla etkilenen ve tedirgin olan kesimdir.

Ermeni yurttaşlarımızın et ve tırnak misali Türk toplumunun ayrılmaz parçası olduğu gerçeğinin çarpıcı bir örneğini 19 Ocak 2007'de menfur bir suikast ile aramızdan ayrılan gazeteci Hrant Dink'in aziz hatırası önünde milletçe kenetlenerek gösterdik.

9

AGOS Gazetesi sahibi Gazeteci Hrant Dink ve Cenaze töreni

Hiç bir ön yönlendirme olmadan, hiç bir yerden talimat almadan, tamamen kendi gönlünün sesi ile bu menfur cinayeti lanetlemek için birbirimizle yarıştık. Son yıllarda belki de görmek istediğimiz birlik ve beraberlik tablosu Hrant Dink'in Agos gazetesi önünde yatan cansız bedeni etrafında oluştu.

Türk milleti cinayetin arkasında küresel çıkarların yattığını, hedefin Türkiyenin birlik ve bütünlüğüne darbe vurmak olduğunu anladı. Tutum ve davranışı ile kendi üzerinde oynanmak istenen vahşi oyunu bozdu.

Türk tarihi, Hrant Dink cinayeti benzeri pek çok provakatif olaya sahne olmuştur. Böyle saldırılarda dökülen masum kanlar beklenildiği gibi bizi ümitsizliğe ve çöküntüye sevketmemiş, bilakis küresel saldırılara karşı milli cepheyi güçlendiren yapı taşları olmuştur.

Bizim nesillerimize sözde Ermeni Soykırımı ile ilgili okullarımızda bilgi verilmemiştir. Yani konu hakkında yöneticilerimiz dâhil tamamen bilgisiz ve cahildik.

Biz ilk şoku 27 Ocak 1973'de Türkiye'nin ABD, Los Angeles Başkonsolosu Mehmet Baydar ile Konsolos Bahadır Demir'in 78 yaşındaki ABD'li Diaspora Ermenisi Gurgen Yanikiyan tarafından şehit edilmesi ile yaşadık.

Elinde bulunan Abdülhamit'e ait tarihi bir tabloyu Türkiye'ye armağan etmek istediğini bildirerek, Baydar ve Demir'i Santa Barbara'daki Baltimore Oteline davet eden Gurgen Yanikiyan, iki diplomatı otelde tabanca ile öldürmüştü. Cinayetten sonra tutuklanan ve müebbet hapis cezası alan Yanikiyan, 31 Aralık 1984'de af edilerek serbest bırakıldı. Ermeni terör örgütleri tarafından Türk diplomatlara karşı ilk saldırı olarak nitelenen bu olay ASALA'nın seri cinayetlerinin başlangıcı olmuştur..

Başkonsolos Mehmet Baydar   Konsolos Bahadır Demir

Yıllar sonra Türkiye'deki Ermeni kardeşlerimiz ile ilgili bir televizyon filmi hazırlama görevi aldığımda bu olayların nedenlerini inceleme fırsatı buldum.

Konsoloslarımıza saldırının yapıldığı gün, önceden hazırlanıp televizyonlara servis yapılan ve cinayet günü ABD televizyonlarında gösterilen Ermeni Soykırım filmini gördüğümde şaşkına dönmüştüm. Maharetli ellerde çok profesyonelce hazırlanan filmi izleyen herkes gibi benim etkilenmemem mümkün değildi. Bu yüzden Ermeni diasporası'nın yoğun olduğu ülkelerde diplomatlarımıza yapılan saldırılar ve işlenen seri cinayetler tarihte kendilerine yapılan mezalimin bir cevabı olarak algılanıp son derece doğal karşı koyuş olarak görülüyordu. Çünkü bu filmi izleyenlerin Ermenilere bu mezalimi yapan

Türklere düşmanlık beslemesi ve yıllar sonra da olsa mutlaka cezalandırılmasının gerekli olduğu hisssiyatına kapılmaları çok doğaldı.

Los Angeles saldırısının yapıldığında, bu cinayetin nedenleri hakkında devlet erkânı dâhil, kimsenin yeterli bilgisi yoktu. O tarihte bu konuda bilgi alacağımız sadece tek kitabımız vardı ve o'da piyasada çok az bulunan Esat Uras Bey tarafından kaleme alınan "Tarihte Ermeniler ve Ermeni Meselesi" eseriydi..

Oysa ayni tarihlerde dünya kütüphanelerinin raflarında masum Ermenilerin Türkler tarafından nasıl vahşice soykırıma tabi tutulduğunu anlatan sözde bilim adamlarınca hazırlanmış on binlerce eser vardı. Bu eserler dünya üniversitelerinin kütüphanelerine bilimsel eser olarak girmişti ve Osmanlı'nın Ermeni teb'asına yaptığı mezalim ders olarak okullarda öğretiliyordu.

1967 yılında edindiğim 20 ciltlik "Encyclopedia International'ın 2. cildinde Ermenilerin barbar Türkler tarafından nasıl soykırıma uğradıklarını detaylı olarak okuyunca gerçekten şaşırmıştım. Bununla diaspora Ermenilerinin 1965'de tehcirin veya sözde soykırımın 50. yıldönümünü bahane ederek yaptıkları, o zaman anlam veremediğim gösterilerin gerçek yüzünü kavramıştım.

Biz cumhuriyet döneminde yaklaşık elli yıl bu konuyu dikkate almadık ve önemsemedik. Tarihçilerimiz de bu konuyla hiç ilgilenmediler. Oysa yaptığımız çok yanlıştı. Konuyla ilgili olarak belki şimdiki kadar yoğun olmasa da devlet, ciddi bilimsel çalışmalar yaptırmalı ve gerektiğinde devreye sokacağı uzman bilim adamları yetiştirmeli ve son olarak halk bilgili kılınmalıydı.

Konunun ülke gündemine gireli yüz yıl olmuştur. yaklaşmıştır ve bu sürede yapılan dış baskılar ülkemizi uluslararası alanda her geçen gün artarak zorlamaktadır. Devletçe tedbir alınması artık kaçınılmaz olmuştur.

Ayrıca kendileri küçük ama emelleri çok büyük olan Diaspora Ermenileri küresel güçlerin elinde oyuncak olduklarının hâla farkına varamamışlardır. Halbuki bu grup kâğıt üzerinde hep kazanıyor gibi görünmesine rağmen daima kaybetmektedir. Çünkü bugüne kadar sadece küresel güçlerin elinde oyuncak olmuşlardır.

Bin yıla yakın Anadoluda Müslüman Türk toplumu ile uyum içinde yaşayan Ermeni Teba, imparatorluğun çökertilme çabaları içinde ülkenin zayıflatılmasını temin edecek bir maşa olarak görülmüşlerdir ve emperyalizmin oyuncağı olmuşlardır. Küresel güç oyunlarında kullanılan Ermeniler büyük acılar yaşamışlar ve kendileri ile birlikte Müslüman Türklere de büyük acılar yaşatmışlardır.

Tarihte kurulduğu iddia edilen Büyük Ermenistan Devleti

Ermenilere vaadedilen Büyük Ermenistan Devleti kurulması bir ütopyadır. "Hadi gelin alın bu toprakları size geri verdik. Kurun devletimizi desek" dahi bunu gerçekleştirecek güçleri yoktur.

Buna rağmen Osmanlı Devletinin sadık tebası olarak yaşayan Ermeniler, Fransız Devrimi ile gelişen aşırı milliyetçilik akımlarının etkisinde kalarak tamamen dış destekli ve yönlendirmeli kurmaca organizasyonlarla Rusya başta olmak üzere bazı Avrupa ülkeleri tarafından devlete isyan ettirilmişlerdir.

Devlete İsyan eden Ermeni Çeteleri

Ermeni isyanları her defasında bastırılmıştır. Fakat bin yıla yakın birlikte yaşadıkları Müslüman halka yaptıkları vahşi saldırılar bu toplum üzerinde çok yoğun küresel psikolojik harekât operasyonu olduğunu ispat etmektedir. Ermeniler üzerinde yapılan bu çalışmalar başarılı olmuş, yaratılan kin ateşi sönmeden günümüze kadar taşınmıştır.

Hedefe ulaşmada kendi güçlerinin yetmeyeceği iyi bilen Ermeniler sorunlarını dünya kamuoyuna taşıyarak dış destek elde etmişlerdir. Osmanlı'dan başlamak üzere Türk tarafı da boş durmamıştır. Her yola başvurarak haklılığını ispata çalışmış ve asıl soykırımın kendilerine yapıldığını her platformda vurgulamışlardır..

Bugün, Türkiye tarafından devlet arşivleri tasnif edilere tüm bilimsel veriler ortaya konulmuştur. Batı kaynaklı belgelerden de sıkça yararlanılmasına rağmen Türk tezi dünyada yeteri kadar kabul görmemiştir. Küresel odaklar medya ve para gücünü kullanarak "Soykırım yapıldığı" tezinin kabul edilmesi yönünde başarı olmuşlardır.

Batı kamuoyundaki Ermeni soykırımı iddiaları; bugüne kadar doğruluğu ispatlanmamış olan hatırat türü sübjektif yayınlara dayanmaktadır. Hâlbuki "Tarih belge ile yazılır" hükmü ortadadır. Arşive dayalı ilmi çalışmalar ön yargıyla gelişen siyasi sonuçları ortadan kaldıracaktır. Bu nedenle batı ülkelerinde siyasi yaklaşımla ele alınan Ermeni konusunun tarihin kaynaklarına inilerek yeniden değerlendirilmesi gerekmektedir..

Ermeniler hakkında batı ülkelerindeki yayınlar birinci elden kaynaklara ve özellikle Türk arşivlerine dayanmadığı için eksik ve hatalıdır. Devlet arşivlerimizde tasnif edilen milyonlarca belge siyasetten arınmıştır ve gerçek tarihçileri beklemektedir.

Türkiye, Ermeni Soykırımı konusu ile ilk defa 1965'de karşılaşmasına rağmen günümüze kadar çok önemli bilgi birikimi sağlayan plânlı çalışmalar yapmıştır.

Ermeni terör olaylarının artması, bütün dünyada dış temsilciliklerimizin hedef alınmasını takiben 1980'de MGK Genel Sekreterliği Müşterek İsth. Dairesi kontrolu altında her alanda birlikte yürütülen ASALA terörünü önleme plânı hazırlanıp uygulamaya geçilmiştir. 1983 sonlarına gelindiğinde Ermeni kökenli terör olayları bıçak gibi kesilmiştir. Devletin kontrol ve koordinasyonu altında yürütülen bu faaliyetlerden bazıları şu şekilde gelişmiştir;

- DEVLET ARŞİVLERİ BİLİM ADAMLARININ KULLANIMINA AÇILDI:

Normal şartlarda devlet arşivleri olayın üzerinden ortalama yüz yıl geçince, yani yaşayanların tamamının ölümünü takiben tasnif edilmiş ve katologları çıkarılmış halde tarih araştırmacılarının hizmetine sunulmaktadır.

Buna rağmen Osmanlı resmi devlet arşivlerinin Ermeni soykırımı iddialarının meydana geldiği farz olunan bölümleri süratle tasnif edilmiş ve arşivlerin tamamı 1980'de dünya bilim adamlarının kullanımına açılmıştır. Bu konuda araştırma yapacaklara her türlü yardım ve destek sağlanmıştır.

- ÜNİVERSİTEDE ERMENİ ARAŞTIRMA MERKEZLERİ KURULDU:

Üniversitelerimizde Türk-Ermeni İlişkilerini bütün yönleri ile bilimsel ortamda ortaya çıkaracak Araştırma ve Uygulama Merkezleri kurulmuştur. Ayrıca Ermeni konusu doktora ve master tezleri seviyesinde incelenip pek çok bilimsel eser hazırlanmıştır. Bu eserler çeşitli dillerde bastırılarak dünyanın önemli merkezlerindeki üniversiteler ile kütüphanelere gönderilmiştir.

- YURTİÇİ VE YURTDIŞINDA BİLİMSEL TOPLANTILAR YAPILDI:

Maddi ve mali desteği TC. Devleti tarafından karşılanan seminer, sempozyum ve paneller gibi bilimsel çalışmaların tüm üniversitelerde yapılması sağlanmıştır. Bu ilmi toplantılara özellikle yurt dışından konuşmacı olarak konunun uzmanı bilim adamları davet edilmiştir. Toplantı sonuçları kitap, doküman ve broşür halinde birçok dilde basılmış, özel olarak Diaspora Ermenilerinin yoğun faaliyet içinde olduğu ülkelerde dağıtılmıştır.

- YURTDIŞI ÖRGÜT DAVALARINDA TÜRKİYE MÜDAHİL OLDU:

PARİS-ORLY Havaalanı baskını davası başta olmak üzere yurtdışında görülen tüm ASALA davalarına Türkiye müdahil olarak katılmıştır. Konusunun uzmanı olduğu belirlenen tanınmış bilim adamlarımıza bilgi ve belge takviyesi yapılmış ve bu mahkemelerde ifade vermeleri sağlanmıştır. Bu şekilde faillerin affedilebilme umutları tamamen yok edilmiş ve hukukun öngördüğü cezalara çarptırılması imkânı yaratılmıştır.

- ERMENİ SORUNU, DOKÜMAN NOKSANLIĞI TAMAMLANDI:

Yurtiçinde halkımıza yönelik pek çok kitap, broşür ve kitapçık hazırlanmış, okullar dahil en ücra noktalara kadar dağıtılmış ve halkın bilgilendirilmesi sağlanmıştır.

- PSİKOLOJİK HARBE KARŞI, PSİKOLOJİK HARP UYGULANDI:

Yurtdışında seçilmiş önemli merkezlerde, "Ermeni soykırımı iddialarının asılsız olduğunu vurgulayan ve yapılan mezalimin aslında Müslüman Anadolu Türk halkı üzerinde uygulandığını" tasvir eden afişler ve pankartlar dağıtılmıştır. Avrupa'ya yerleşen yurttaşlar vasıtasıyla tüm Avrupa şehirlerinde kamuoyunun kolayca göreceği mahallere astırılmıştır. Böylece yabancı kamuoyu olayın gerçekleri hakkında bilgilendirilmeye çalışılmıştır.

- YABANCI ÜLKE YÖNETİCİLERİ BİLGİLENDİRİLMİŞTİR:

AB ülkelerinin bazı önemli parlamenterlere ait ev ve iş adresleri temin edilerek konuya ilişkin hazırlanan dergi, gazete ve posta kartları gönderilmiştir. Uygulama periyodik olarak ve bıktırıncaya kadar devam etmiştir.

- KONUYA AİT TV VE SİNEMA FİLMLERİ HAZIRLANMIŞTIR:

Sözde Ermeni soykırımı iddialarının ütopik olduğu konusunda TRT başta olmak üzere özel sektöre pek çok film hazırlattırılmıştır. Filimler çeşitli dillere çevrilmiştir. Video kasetleri halinde yurt dışına, özellikle basın-yayın organlarına ve Diaspora Ermenilerinin yoğun yaşadığı ülkelerdeki yabancı ülke temsilciliklerine gönderilmiştir.

Filimlerin iki tanesi tarafımdan hazırlanmış ve TRT televizyonunda birkaç kez oynatılmıştır. Bunlardan biri, ülkemizdeki Ermeni yurttaşlarımızın günlük yaşantılarını anlatan ve TC'nin dış temsilciliklerine yapılan saldırıdan duydukları üzüntüyü belirttikleri bir belgeseldir.

Diğeri ise, "Canlı Tarih" adı altında başlatılan bir proje içinde yer alan ve Ermeni mezalimine uğrayan yurttaşlarımızla olay mahallinde yaptığım görüşmeleri içeren filmdir. Bu röportajlar için iki ay süre ile Kars'taki tarihi Ani şehri harabelerinden başlayarak Van'da Zeve köyüne kadar dolaşılmış ve o gün hayatta olan herkesle görüşülmüştür. Onların geçmişte yaşadıkları kendi özgün anlatımlarıyla birebir ağızlarından alınarak tarihe belge bırakılmaya çalışılmıştır.

İşte bütün bu çalışmalar bir elden plânlanmış ve birbirleriyle koordineli olarak icra edilmiştir. Hedef kitle olarak tüm çalışmalar, Diaspora Ermenilerinin faaliyette bulunduğu ülkelerin üst düzey yöneticileri üzerinde yoğunlaştırılmıştır. Doğrudan yöneticiler bilgilendirilerek acilen tedbir almaları istikametinde yapılan çalışmaların başarılı olduğu alınan müsbet sonuçlarla kesinleşmiştir. Sonunda karşı taraf pes ettirilip tüm sesleri kesilmiştir.

1983 yılından itibaren Türkiye'nin organize ettiği bu çalışmaların yoğunluğu azalmış, üniversite araştırma merkezlerinin bazı rutin faaliyetleri dışında önemli bir aktivite gösterilmemiştir. Oysa küresel güçler ellerine geçirdikleri Ermeni oyuncağından ve maşasından asla vazgeçmek niyetinde olmadıklarını daima göstermiştir. 1991'de SSCB'nin dağılması sonucu bağımsız Ermenistan kurulmuş ve olaylar yeni bir ivme kazanmıştır.

Diaspora Ermeni örgütlerinin kışkırtma ve teşviki ile Ermenistan önce Azerbaycan'ın Karabağ bölgesine saldırmıştır. Ve burada yaşayan 1,5 milyon Azeri'yi mülteci durumuna düşürmüştür. SSCB sınırını belirleyen 1921 Kars ve Gümrü Antlaşmalarını kabul etmediğini beyan ederek tarihi Büyük Ermenistan hayalini yeniden gündeme getirmiştir.

Diaspora Ermenilerinin bölgede sistemli ve plânlı çalışmaları devam ederken Türkiye, son yıllarda içinde düşürüldüğü büyük borç batağı ve AB üyeliği sevdası yüzünden dış politikada taviz üzerine taviz vermeğe başlayınca konu giderek Türkiye aleyhine dönmeye başlamıştır. Sonunda Fransa'nın "Ermeni soykırımını kabul etmeyenlere para ve hapis cezası öngören" kanun tasarısını kabul etmesi ile doruk noktasına ulaşmıştır.

Tarih sayfaları şahittir ki; Türk milleti bilerek, isteyerek ne Ermenilere ve nede başka bir millete asla soykırım uygulamamıştır. Çünkü Türklerin milli karakter yapısında başka milletlere ve ırklara düşmanlık yoktur. Hiçbir zaman olmamıştır. Ayrıca dini değerlerimiz de bunu kesin olarak reddeder. Bununla beraber Birinci Dünya Harbi içerisinde dış destek ve kışkırtma ile Anadolu'da Hıristiyan Ermeniler ve Müslüman Türkler arasında pek çok hadise meydana gelmiştir. İki taraf birbiri ile adeta kıyasıya çatışmışlardır. Her iki taraftan çok sayıda masum insanın öldüğü bilinmektedir. Fakat bütün bu olanların güç savaş şartlarının doğal olayları olarak değerlendirilmesi gerekmektedir.

Nitekim Ermeni soykırımı iddiaları ile suçlanarak İngiliz İşgal Yönetimi tarafından tutuklanarak Malta'ya sürülen Osmanlı yöneticilerinin düzmece mahkemede dahi beraat ettikleri görülmüştür.

Elinizdeki kitap arşiv belgeleri ve teknik terimler arasında kaybolmadan Ermeni Soykırımı safsatasının geçersizliğini ortaya koymak ve halkımızı kısa sürede doğru bilgilendirmek amacına yönelik olarak hazırlandı.

Bilelim ki; Türkiye bu davada tamamen haklıdır. Ama tavizkar ve sessiz duruşu, küresel güçlerin saldırıları karşısındaki tepkisizliği daima aleyhimize çalışmaktadır.

Yöneticilerimiz, Türk tarihinde utanılacak bir şey olmadığını ve tamamen haklı olduğumuzu bilmelidir. Ve bilimsel yollarla tarafımızdan hazırlanmış pek çok eserin dünya literatüründe yerini aldığını da idrak etmelidirler.

Günümüzde tamamen sahte ve yönlendirilmiş durumdaki sözde Ermeni Soykırımı iddiaları ile mücadele edebilecek aydınlarımız, üniversitelerimiz, sivil toplum kuruluşlarımız ve her biri kültür elçisi olarak yurtdışında yaşayan milyonlarca Türk yurttaşımız bulunmaktadır.

Ayrıca bugün konu hakkında eskiye nazaran daha yeterli bilgi, belge ve tecrübeye sahibiz. Yani mücadele silahlarımız bakımından eskisinden çok daha güçlüyüz.

Aynen 1980-1983 yıllarında olduğu gibi plânlı ve programlı bir karşı fikir saldırısı yapabildiğimiz takdirde, ülkemiz aleyhinde karar alan tüm ülkeler ile onların küresel oyuncakları durumundaki Diaspora Ermenileri seslerini anında keseceklerdir.

Yeter ki devletimiz bu konuyu sahiplensin ve çare bulmayı amaç edinsin. Beklentimiz budur.

Ermeni Sorunu'nun 100 üncü yılını idrak ettiğimiz 2015 yılında, Diaspora Ermenilerinin ve onları besleyen devletlerin olumsuz sesleri çok daha keskin çıkacaktır..

Bu sesi çıkmadan durdurmak zorundayız. Bunun yolu da konu ile igili olarak bilgili ve bilinçli olmaktan geçmektedir. Daha fazla okuyup olanları anlamalıyız.

Ben elinizdeki küçük elaltı kitabından alacağınız asgari bilgilerle küresel maşa durumundaki Ermenilerin boş iddialarını kolaylıkla çürütebileceğinize inanıyorum..

Dr.Tahir Tamer Kumkale
Zeytinli, Ocak 2015

YAKIN TARİHİMİZDE ERMENİLER

Ermeniler konusunda günümüze kadar çok sayıda ilmi çalışmalar yapılmıştır. Kütüphanelerde pek çok eser mevcuttur. Ancak; bu eserlerde konuya ilmi tarafsızlıkla yaklaşılmadığı için Ermeni tarihi çelişkilerle doludur. Tarihi, tarihçilerin değilde, siyasi kadroların bilerek ve plânlı olarak uydurma bilgi ve belgelerle ortaya koyması bugün içinde bulunulan bilgi kirliliğini doğurmuştur.

Ermeni kaynaklarındaki bilgilerin hangisi doğru ve hangisi yanlı bunu anlamamız mümkün değildir. Hatta bazı Ermeni aydınlarınca yeni bir tarih yazmak gerekliliği dahi dile getirilmeiştir. Son bin yılın gerçek kaynakları Osmanlı kanalıyla bizde olmasına rağmen bunlara itibar edilmemiştir. Sonunda batı kaynaklarında birbiri ile çelişkili bilgileri içeren kitap çöplüğü yaratılmıştır.

Buna rağmen güçlü propaganda ile desteklenen bu yalan yanlış bilgiler insanların yanlışları doğru gibi algılamasına neden olmuş ve geniş halk kitleleri arasında kendilerine kandırılmış yandaş bulmalarını sağlamıştır.

Ermeni toplumu, Asya'dan Anadolu'ya göç yolları üzerinde yerleşmiştir. Bu yüzden sürekli istilâlara maruz kalmışlar ve daima bölgede hâkimiyet kuran devletlere tâbi olarak yaşamışlardır. Tarihin hiçbir döneminde bir milletin devlet olabilmesini gerektiren asgari şart ve koşullara ulaşamamışlardır.

1920'de Kars ve Gümrü Antlaşmaları; ile sınırları çizilen bugünkü Ermenistan ise Rusya'nın kendi iç savaşını yaşadığı bir dönemde hayata geçirilmiştir.

Ermenistan, geçen 80 yıl içinde SSCB'ne bağlı olarak yaşamıştır. 1991'den itibaren de bağımsız ama her alanda zayıf bir devlet örneği sergilemektedir.

Ermenistan ve Güney Kafkasya

Ermeni toprakları bölgede hâkimiyet kuran Arap, Asurlu, Pers, Bizans ve Türklerin savaş alanı olmuştur. Ermeniler, Bizans döneminde dinsel çekişmelerin de etkisiyle çok zulüm görmüşler, sürgün edilmişler, toplu katliamlara uğramışlardır. Oysa, bugün soykırım iddiası ile suçladıkları Osmanlı Devleti hakimiyeti ile Ermeni toplumunun en rahat ve huzurlu dönem başlamıştır.

Osmanlı Devletinin gayrimüslim teb'ası arasında Osmanlı Ermenileri çok ayrıcalıklı duruma gelmişlerdir. Dini, kültürel ve sosyal kuruluşlarını oluşturabilmişler, zenginleşmişler ve devletin üst kademelerinde rahatça görev alabilmişlerdir. "Teb'ayı Sadıka "(devlete ençok sadık olan millet) olarak anılan Ermeniler, Osmanlı'nın son dönemlerinde dış tahriklere kapılarak devletine baş kaldıran bir toplum haline dönüşmüşlerdir.

1878'den başlatılarak 1915 yılına kadar plânlı olarak sürdürülen devlet aleyhtarı zararlı faaliyetlerle yaratılan suni Ermeni Sorunu gerçekte Ermenilerin değil, Osmanlı Devleti'nin bölünüp parçalanmasından siyasi çıkar uman İngiltere, Fransa, Rusya gibi devletlerin davası olarak doğmuştur.

1915 yılında Osmanlı İmparatorluğu 1 inci Dünya Savaşını yaşıyordu. İç ve dış tahriklerle çeşitli bölgelerde plânlı Ermeni isyanları ortaya çıkmıştı. Ve yine yedi ayrı cephede çarpışan orduların "cephe gerisi emniyetinin sağlanması zarureti" doğmuştu. Bu nedenle, 1915'de Ermenilerle ilgili "Tehcir Kanunu" çıkartılmış ve icra edilmiştir. Tehcir Kanununun ana amacı; sevkiyat ve yer değiştirme ile cephe gerisi güvenliğinin sağlanmasıdır.

Uygulama esnasında, dönemin koşulları, savaşın etkileri ve teknik imkânsızlıklar sonucu nakil güçlükleri, salgın hastalık ve kışın olumsuz etkileri yaşanmıştır.

Dış destekli Ermeni terör çetelerince Müslüman halka karşı yönetilen vahşi mezalimin yarattığı intikam duyguları nedeniyle, Ermenilerin geçtikleri yörelerde tüm inzibati imkânların kullanılmış olmasına rağmen fiiliyatta önlenemeyen bazı kayıplar meydana gelmiştir. Ancak bu kayıplar, hiçbir zaman iddia edildiği gibi bir katliam değil, sınırlı yerel hareketler olarak kalmıştır.

Ermeni iddialarının ilginç yönü, konunun daima tek taraflı olarak işlenmesidir. 1915 öncesindeki Ermeni çetelerinin saldırıları sonucunda büyük sayılara ulaşan Müslüman Türk kayıplarından hiç bahsedilmemiştir..

Bu dönemden sonra, Osmanlı Devleti açısından artan siyasi gelişmelerin önemi içinde "Ermeni" konusu dikkati çekmemiştir. Önceki dönemin propagandalarının sonucu olarak 10 Ağustos 1920 Sevr Antlaşmasına "Bağımsız Ermenistan" kurulması maddesi girmiştir.

Osmanlı Devleti'nin tarihi ve siyasi fonksiyonlarını yitirmesi nedeniyle ölü doğan ve uygulama alanına girmeyen Sevr Antlaşmasını TBBM kabul etmeyerek tarihe gömmüştür. Lozan görüşmelerinde tali bir konu olarak incelenen Ermenilik konusu, anılan antlaşmanın "Azınlıkların Himayesi" bölümünde dolaylı olarak yerini bulmuştur. Bilahare yapılan iç hukuk düzenlemeleriyle Türkiye'deki azınlıklara ve dolayısıyla Ermenilere de "Vatandaşlık Hakkı" tanıyan düzeye ulaşmıştır.

Karikatürist Derso ve Kelin'in Antlaşma'yı imzalayanları gösteren karikatürü.

Lozan Konferansında Ülke Temsilcileri

1965'e kadar, bazı önemsiz hareketler dışında sessizliğini koruyan Ermeni Soykırımı konusu; başta ABD, Fransa, Yunanistan ve Lübnan olmak üzere birçok ülkede sözde Ermeni katliamının 50'nci yıldönümü olarak kabul edilen 1965 yılında bilinçli, organize, çok yönlü ve belirgin biçimde TC. Devleti aleyhinde bir propaganda patlaması yaratılmıştır. Ermeniler, bu faaliyetlerini, 1973 yılından itibaren terörizm ve şiddet eylemlerini katarak günümüze kadar sürdürmüşlerdir.

Özellikle Ermeni yeraltı örgütlerinin yarattığı terör olaylarının incelenmesi sonucunda görülmüştür ki bütün bu terör eylemleri basit bir intikam alma düşüncesinin ötesindedir. Burada küresel güçlerin küresel çıkarlarının elde edilmesinde ve korunmasında sıkça kullandıkları uluslararası terörizm metotları da devreye girmektedir.

1 inci Dünya Harbi galipleri tarafından Osmanlı'ya imzalatılan Sevr Antlaşması, Ermeni toplumuna umut vermiştir. Bu antlaşmada Ermenistan'ın özgür ve bağımsız bir devlet olarak tanınması öngörülmektedir. Buna göre kurulacak Ermenistan Devletinin sınırlarının tespiti ABD Cumhurbaşkanı Wilson'ın takdirine bırakılmıştır. Sevr Antlaşması'nı geçersiz kılan ve Türkiye Cumhuriyeti'ni

24

kuran 24 Temmuz 1923 tarihli Lozan Antlaşmasında ise Ermeniler hakkında hiçbir hüküm yoktur.

27.2.1921 tarihli Londra Konferansında Ermeni delegelerinden Boghos Nubar Paşa ve Aharunyan Efendi dinlenmiştir. Bu iki Ermeni temsilcisi Sevr Antlaşması'nın yürürlükte kalması için direnmişler ve bunun için pek çok neden göstermişlerdir.

Ermeni delegeleri, Kilikya (Adana) için de özerklik istemişlerdir. Fransız delegesi, Kilikya bölgesinde durumu değiştirmenin güç olacağını, ancak Fransa'nın buradaki azınlıkları kollayacağını söylemiştir. Konferansın önemli sonuçlarından biri de Osmanlı topraklarında bağımsız bir Ermenistan kurulması yerine, Ermenilere Doğu Anadolu Bölgesinde bir "ocak" kurulması kararının çıkmasıdır.

Londra Konferansı'nda, Sevr Antlaşmasında yer alan hür ve bağımsız bir Ermeni devleti yerine, ortaya ne olduğu belirsiz "ocak" sözcüğü çıkmıştır. Bu yeni sözcük, Türklerin yönetimi altındaki Ermenilere özerklik vermek amacıyla Amerikalı misyonerler tarafından bir uzlaşma vasıtası olarak ortaya atılmıştır. Milletler Cemiyeti, 21 Eylül 1921'de bu ocağın Türkiye'den ayrı ve bağımsız olmasına karar vermiştir. Ermeniler "ocak" kararına karşı çıkmışlar ve daima bağımsız bir Ermenistan kurulması tezini savunmuşlardır.

16 Mart 1921'de Rusya ile TBMM Hükümeti arasında Moskova Antlaşması, Kafkas Cumhuriyetleri ile Türkiye arasında 13 Ekim 1921'de Kars Antlaşması, Fransızlarla da 20 Ekim 1921'de Ankara Antlaşması imza edilmiştir. İmzalanan bu antlaşmalarla Türk topraklarında bağımsız Ermenistan kurulması ümidi tamamen bitmiştir.

26 Mart 1922'de İngiltere, Fransa ve İtalya Dışişleri Bakanları Paris'te bir toplantı yapmışlardır. Burada Sevr Antlaşması'nın Ermenilere tanıdığı haklar kaldırılmış ve bağımsız Ermenistan yerine ilk defa Londra Konferansı esnasında "milli bir Ermeni yurdu teşkili" projesi ortaya atılmıştır. Bu toplantıdan çıkan karar şöyledir;

" *Ermenilerin durumu, bunların karşı karşıya kaldıkları müthiş felaketler ve müttefik devletlere karşı savaşta yaptıkları yardımlar dolayısıyla göz önünde tutulmalıdır. Bu maksatla Ermenilerin korunması ve durumlarına çare bulunması için milli bir ocak kurulması için Milletler Cemiyeti'nin yardım etmesi rica olunur.* "

28 Ekim 1922 tarihinde İsviçre'nin Lozan şehrinde başlayan barış konferansında Ermeni Sorunu "Azınlıklar Sorunu" konusu içinde görüşülmüştür. Azınlıklar için ileri sürülen hususlar özetle şöyledir;

- *Türkiye'de azınlıklara dil, din ve benzeri konularda bazı haklar sağlanmalı , bu haklar Milletler Cemiyeti tarafından denetlenmelidir.*

- *Hristiyanlar askerlik yapmamalı, buna karşılık para olarak bedel vermelidir.*

- *Din ve mezhep ayrıcalıklarının avantajları aynen kalmalıdır.*

- *Azınlıklar için genel af çıkarılmalıdır.*

- *Seyrüsefer serbestliği tanınmalıdır.*

- *Yerlerinden göç etmiş Ermenilerin eski yerlerine dönmelerine izin verilmelidir.*

- *Ermenilere Doğu Anadolu'da ve Kilikya'da bir yurt verilmelidir.*"

Lozan Konferansı'nın 13.12.1922 tarihli toplantısı esnasında ülkedeki azınlıkların korunması konusunda İngiliz delegesi Lord Curzon, şunları istemiştir;

" *Şimdi Ermenilerden söz edeceğim. Bunlar yalnız birkaç batından beri karşılaştıkları, medeni âlemi dehşete düşüren zulümlerden dolayı değil, fakat gelecek yaşamları hakkında kendilerine verilmiş güvence nedeniyle dikkate alınmaya layıktır.*

Şimdi bir Sovyet Cumhuriyeti olan Erivan'da bir Ermeni hükümeti vardır. Bana söylediklerine göre burada 1.250.000 nüfus mevcuttur. Her taraftan gelen göçmenler ile sıkışıklık artmıştır ve artık kimseyi alamaz bir duruma

26

gelmiştir. Diğer taraftan Kars, Ardahan, Van, Bitlis, Erzurum'daki Ermeniler zarar görmüşlerdir.

İngiltere Dışişleri Bakanı Lord Curzon

Fransızlar Kilikya'yı (Adana çevresi) boşaltırken buradaki Ermeni halk da korkudan Fransız ordusunu izlemiştir. Şimdi bunlar Halep, İskenderun, Beyrut şehirlerinde ve Suriye'nin Türkiye sınırı boyunca dağınık bir halde yerleşmiş durumdadır. Sanıyorum ki, evvelce üç milyon olan bu Ermenilerden şimdi Anadolu'da 130.000 kişi kalmıştır. Pek çoğu Kafkasya'ya, Rusya'ya, İran'a ve diğer komşu ülkelere dağılmışlardır.

Geleceğin Türkiye'sinde, gerek Anadolu ve gerek Rumeli'nde pek fazla bulunacak Ermenilerin güvenlik ve korunmaları için antlaşmaya özel bazı maddeler konulması gerekecektir. Ermenilerin kendi topraklarında oturmak istemeleri doğaldır. Ermenistan Cumhuriyeti toprakları buna yetmez. İşte bu nedenle Türkiye'deki Ermeniler için, ister kuzeydoğuda ve isterse Kilikya'nın güneydoğusunda arazi verilmesi isteniyor. Durum, bu isteklerin yerine getirilmesini evvelkinden daha zor bir hale getirmiştir. Fakat biz Türk delegelerinin konu hakkındaki görüşlerini öğrenmekle mutlu olacağız."

Türk heyeti başkanı İsmet İnönü'nün soruya cevabı bugünkü Ermenistan yöneticilerine örnek olacak kadar serttir ve kesindir;

" Türk milleti ve Türk hükümeti, çıkarılan isyanları daima sabrı tükendikten sonra bastırma önlemlerine başvurmuş ve isyancılara karşılık vermiştir. Ermenilerin Türkiye'de karşılaştıkları bütün kötülüklerin sorumluluğu, kendi hareketlerine aittir. 1909 yılındaki Adana olayları ve yine Dünya Savaşı esnasında Anadolu'nun bir çok vilayetlerinde çıkarılan isyanlar aynı trajedinin korkunç bir devamı halindedir.

Lozan'da Türk Heyeti Başkanı İsmet İnönü

Belirtilen olaylardan da anlaşılacağı gibi Osmanlı Devleti içindeki gayri müslim unsurlar, yüzyıllardan beri rahat ve refah içinde yaşadıkları ülkenin yöneticilerinin iyi duygularını suistimal etmedikçe Türkler bu halkın haklarını hiçbir zaman inkâr etmemişlerdir.

Türk Hükümetinin ve milletinin insanlığa uymayan hiçbir hareketinden bugüne kadar şikâyet nedeni olacak bir şey bulamamış olan Musevi cemaatinin verdiği örnek, Rum ve Ermeniler hakkındaki üzücü olayların suçunun bizzat kendilerine ait bulunduğunu ispat etmeye yeter. Bu yüzden tarih, azınlıklar sorununda iki esaslı etkenin gözden uzak tutulmamasını öğütlüyor.

Önce bazı devletlerin azınlıkları korumak bahanesi ile memleketin içişlerine karışma arzusu konusundaki dış politik etki ve bu suretle arzulanan karışıklığın kışkırtma yapmak ve karşılık çıkarmak suretiyle meydana gelmesi; ikincisi böylece cesaret verilen azınlıkların bağımsız bir devlet kurmak için kurtulmaya karşı eğilim ve isteklerinin bilinmesi üzerine meydana gelen iç politik etkenler.

Ermeni toplumuna gelince; Türkiye Cumhuriyetiyle Ermeni cumhuriyeti arasında yapılan antlaşmalarla güçlendirilmiş olan ilişkiler, Ermeni cumhuriyeti hükümeti tarafından yapılacak herhangi bir kuşatma olanağını ortadan kaldırmıştır. Ayrıca Türkiye'de kalmaya karar vermiş olan Ermeniler, iyi vatandaş olarak yaşamanın kesin lüzumunu artık göz önünde bulundurmalıdırlar.

Sonuç olarak TBMM delegeleri şu düşüncededir;

Türkiye'de mevcut azınlıkların mevcut durumunun düzeltilmesi her şeyden evvel her nevi yabancı karışması ile gelecek kışkırtmaların giderilmesine bağlıdır. Buna ulaşmak için her şeyden evvel Türk ve Rum halkının karşılıklı değiştirilmesi gerekir.

Karşılıklı olarak gerçekleştirilecek olan değiştirme önlemlerinin uygulamasından hariç tutulacak azınlıkların güvenlikleri ve ilerlemeleri için en iyi güvence; gerek kanunlardan ve gerekse Türk vatandaşlığından ayrılmış olan bütün cemaatlar hakkında Türkiye'nin vereceği garanti olacaktır."

Lozan Barış Antlaşmasına katılan delegeler

Lozan Barış Antlaşması maddeleri içinde Ermeni halkının sorunlarına hiç değinilmemiş olduğundan hayal kırıklığına uğrayan Ermeni delegeler, Lozan'dan ayrılırken konferansa katılan devletlere verdikleri bir bildiride özetle şunları söylemişledir;

" Ermeni delegeler Lozan Konferansı komisyonları açıklamalarından ve basında yayınlanan barış antlaşması projesinden İtilaf Devletlerinin Ermeni sorunlarını yüz üstü bırakmış olduğunu anlamıştır. Ermeni sorununun bu defa da çözümlenmemiş olarak kalmasının Ermenilerin durumunu daha kötü bir hale getirmiş olduğunu göz önüne koymak isteriz.

Versay Antlaşması, Sevr Antlaşması, 1921 Londra Konferansı ve 1922'deki Paris Toplantılarında Osmanlı İmparatorluğundan bazı azınlıkları kurtarmak ve Ermeni halkına bir yurt sağlamak için kararlar alınmıştır. Savaş içinde, müttefikler tarafından savaşçı bir unsur; savaştan sonra da, müttefik olarak tanınan Ermenilere Lozan'da verilen sözlerin, yapılan vaatlerin yerine getirilmesini sağlayacak bir şey kararlaştırılamamıştır.

Bu koşullar altında Ermeni delegeleri olarak, Ermeniler namına, devletlerden bir defa daha hak ve adalet yolundaki acılarına bir çare bulunması için bir karar verilmesini rica ederiz. Böyle bir barışın doğuda devamlı olmayacağını belirtiriz." (1)

----

(1) Uras, Esat; Tarihte Ermeniler ve Ermeni Meselesi, İstanbul 1987, S. 701-738

ÇEŞİTLİ ÜLKELERDEKİ DİASPORA ERMENİLERİNİN FAALİYETLERİ

Ermeni toplumunun Türkiye'ye yönelik faaliyetleri ülkemiz açısından azınlıklar genel başlığı altında "Türkiye Cumhuriyeti toprak bütünlüğüne yönelik tehditler" içinde yer almaktadır. Bunları, Yurtiçinde "Ermeni Benliğinin Korunması ve Asimilasyonun Önlenmesi" çabaları olarak, yurtdışında da 'Sözde Ermeni Katliamının İstismarı' ile Türkiye'den toprak ve tazminat talebine dayalı çok yönlü propaganda faaliyetleri ve buna bağlı olarak geliştirilen terör ve şiddet eylemleri olarak özetleyebiliriz.

Dünya Ermenileri; bugünkü TC. Devleti toprakları içinde bulunan ve Büyük Ermenistan olduğunu iddia ettikleri bazı illerimize, Sevr Anlaşmasında Ermenistan olarak belirlenen bölgeye sahip olmak veya bu toprakların kendilerine devredilmemesi halinde Türkiye'den yüklü bir tazminat kopartmak konusunda ısrarlıdırlar.

Ermeniler ayrıca Türkiye'nin kendilerinden özür dilemesi gerektiğini de ileri sürmektedirler. Buna göre; "1915 Yılı Tehcir Kanunu" uygulamalarının "Katliam", "1920 Sevr Antlaşması'nın" ise halen geçerli olduğu iddia edilen tezlerinin istismarıyla günümüze kadar Türkiye'nin Güneydoğusu ve Doğusunda yer alan 22 il üzerinde hak iddia edilmektedir.

Özellikle küresel güçlerin Ortadoğu politikalarına ilişkin olarak; Doğu-Batı Bloğu lider devletleri olan ABD ve SSCB'nin arasında süren anlaşmazlığın giderilmesinde bölgenin çatısı durumundaki "Trabzon- Bakû-İskenderun-Musul" bölgesi içinde yer alabilecek bağımsız Ermenistan

Devletinin kurulması ile Ermenilerin politik denge unsuru olabilecekleri tezi gündeme getirilmiştir.

1915 Yılı Tehcir Katarları

Ermeniler lehindeki tüm yaklaşımların arkasında mutlaka çıkar ilişkisi veya Türkiye'ye karşı art düşünce bulunduğu asla unutulmamalıdır. Ermeni tezleri taraftar bulduğu takdirde bugünde gündeme getirilebilecektir. Buna karşı yapılacak mücadelede öne sürülecek bazı temalar şunlardır;

- *Ermeni tarihi yalan- yanlış bilgilerle doludur. Bilimsel temellere dayalı biçimde henüz aydınlatılamamıştır.*

- *Ermenilerin yaşadıkları bölgenin kavimlerin Anadolu istikametindeki göç yolu üzerinde bulunması nedeniyle; sürekli istilalar ile karşılaşmışlar ve hiçbir zaman iddia ettikleri gibi büyük bağımsız bir devlet kuramamışlardır.,*

- *Osmanlılar döneminde Ermenilere, diğer Osmanlı tebaasından daha çok hak ve özgürlük tanınmıştır.*

- *"Tehcir Kanunu" uygulamaları, 1915'den çok öncelere kadar giden Ermeni davranışlarından kaynaklanmıştır. Ayrıca Ermeniler asla masum değildir..*

- *Halen bağımsız Ermenistan devleti mevcut olduğuna göre bir milletin ikinci bir devlet kurma isteğinin anlamsız olduğu, üzerinde hak iddia edilen topraklarda yapılacak referandumun Ermeniler lehinde olmayacağı açıktır.,*

32

- *Ortadoğu'daki küresel dengelerin Büyük Ermenistan gibi bir ütopya ile asla gerçekleşme ihtimali olmayacağı,* şeklindedir.

Başlangıçta, sürdürülen psikolojik savaş ve yoğun propaganda faaliyetlerinin olumlu sonuçlarına 1965-1975 dönemi içinde gösterilecek yeni çabalarla ulaşacaklarını varsayan Diaspora Ermeni yöneticileri, 1973'de ABD'de bilinçsiz biçimde Türk temsilciliklerine karşı başlattıkları öldürme olayları nedeniyle kısa bir süre kararsızlığa düşmüşlerdir. Bilahare terör ve şiddet eylemlerinin dünya kamuoyunda yarattığı olumsuz etkiyi görmüşler, sonunda "Ermeni sorununu" yeniden bilimsel inceleme ve etkin propaganda doğrultusuna sokmaya yönelmişlerdir.

Buna rağmen Türkiyenin dış temsilciliklerine karşı sürdürülen şiddet eylemlerinin Avrupada ve özellikle de Fransa'da destek görmesi olayların artmasını sağlamıştır. Artan şiddet olaylarının arkasındaki sebepler şunlardır;

- *Yurtdışındaki Ermeniler yıllarca maddi ve manevi olarak desteklediği olumsuz propagandanın, kendisine ne toprak ve ne de tazminat getirmeyeceğini anlamışlardır.*

- *Tarihi kader birliğinden kaynaklanan Yunan ve Ermeni işbirliği, 1974 Kıbrıs Barış Harekatından sonra özellikle propaganda alanında Yunan provokasyonuna dönüşerek Ermeniler provoke edilmiştir. Yeni Ermeni göçleri dolayısıyla ABD, Fransa, Yunanistan ve Lübnan yeni bir Ermeni faaliyet alanı haline dönüşmüştür.*

- *1975 Lübnan iç savaşı sonrasında Avrupa ve Amerika'ya göç eden Ermeni toplumu içinde oluşan duygusallık diaspora Ermenilerince istismar edilmiştir.*

- *Fanatik Ermeni kuruluşları tarafından dünya Ermenilerinin kendi kaderlerini çizme, birleşme ve bütünleşme, dayanışma ve hak arama istikametinde bütün tahrikleri aralıksız sürdürülmüştür.*

- *Türkiye'de mevcut terör ve anarşi ortamının sağladığı istikrarsızlık yurtdışındaki yıkıcı ve bölücü mihrakları cesaretlendirmiştir.*

Türkiye aleyhindeki çok yönlü devam eden Ermeni faaliyetleri; sadece sözde Ermeni katliamının yıldönümü olarak benimsenen 24 Nisan'a inhisar etme özelliğini kaybetmiştir. Faaliyetler yılın bütününü kapsamaktadır.

Bugün dünya Ermenileri, Ermeni faaliyetlerinde aktif rol oynayan iki kuruluş olan "Ermeni Komiteleri" ve "Ermeni Kiliseleri" tarafından Türkiye'ye karşı faaliyetler için yoğun baskı ile zorlanarak kanalize edilmektedirler.

Halen bulundukları ülkelerin mevcut şartları içinde değişik isimler altında örgütlendikleri bilinen üç Ermeni Komitesi bulunmaktadır.

Bunlar; 1887 yılında Cenevre'de kurulan Hınçak Komitesi, 1890 yılında Tiflis'te kurulan Taşnaksutyun Komitesi ile 1921 yılında Beyrut'ta kurulan Ramgavar komiteleridir. Kuruluşlarının üzerinden yüz yıldan fazla zaman geçmesine rağmen Ermeni komiteleri aktivitesini aynen sürdürmektedir.

HINÇAK, TAŞNAK VE RAMGAVAR KOMİTELERİ

Ermeni Komiteleri, kendi aralarında bulunan görüş ayrılıklarına rağmen dünyaya yayılmış Ermeni toplumunu birleştirici ve bütünleştirici çalışmalarında çok iyi birlik ve dayanışma içerisinde bulunmaktadır.

Ermeni diasporası faaliyetlerinin somut neticelerini sözde Ermeni soykırımı yalanının değişik ülke parlamento heyetlerince tanınması uygulamasında görürüz.

Dünyada Ermenilere soykırımı yapıldığını kabul eden ülkeler sırasıyla şu şekildedir;

- 1982   Kıbrıs Rum Kesimi Parlamentosu
- 1991   Ermenistan (Anayasasında)
- 1995   Rusya Federasyonu Duma'sı
- 1996   Yunanistan Parlamentosu
- 1998   Belçika Senatosu
- 1998   Fransız Ulusal Meclisi
- 2000   Vatikan Meclisi
- 2000   İsveç Parlamentosu
- 2000   Lübnan Parlamentosu
- 2000   İtalya'da Roma Şehir Meclisi
- 2001   Fransa Senatosu
- 2002   Kanada Senatosu
- 2003   Arjantin Senatosu
- 2003   İsviçre Parlamentosu
- 2004   Uruguay Parlamentosu
- 2004   Arjantin Kongresi
- 2004   Kanada Parlamentosu
- 2004   Slovakya Parlamentosu
- 2004   Hollanda Parlamentosu
- 2005   Litvanya Parlamentosu
- 2005   Venezuala Parlamentosu
- 2005   Polonya Meclisi
- 2005   Almanya Federal Meclisi
- 2007   Arjantin parlamentosu
- 2007   Şili Parlamentosu

- 2010   Galler/ Büyük Britanya
- 2010   İşkoçya/ Büyük Britanya
- 2014   Bolivya Parlamentosu

Dünyada Ermenilere soykırımı yapıldığını kabul eden uluslararası kuruluşlar sırasıyla şu şekildedir;

- Ayrımcılığın Önlenmesi ve Azınlıkların korunması Alt Komisyonu

   - Avrupa Konseyi

   - Avrupa Parlamentosu

   - Dünya Kiliseler Konseyi

   - İnsan Hakları Derneği

   - YMCA AB (Genç Hristiyan Erkekler Birliği)

   - Permanent Peoples Tribunal (Daimi Mahkeme)

Diaspora Ermenilerinin bütün dünyada, ülkelerin parlamentoları nezdinde soykırımın kabul ettirilmesi yönünde sürdürdükleri çalışmalar devam etmektedir.

Sadece soykırımın yapıldığının kabulünü az bulan Fransa gibi bazı ülkeler bir adım öteye gitmişlerdir. Artık soykırım yoktur diyenlere ceza verilmesi istikametinde kanunlar çıkartılmaya başlanmıştır. Eğer Türkiye gerekli önlemleri almadığı takdirde bugün 23 ülkede kalan kabul sayısının giderek artması kaçınılmaz olacaktır.

Ermeni örgütleri bu konuda çok iyi plânlanmış bir psikolojik harekat uygulaması gerçekleştirmektedir. Türk hükümetleri komitelerin daima doğrudan hedefleri olmuştur. Nitekim 2002'den başlayarak AK Parti yönetimi ile birlikte bu tanınma faaliyetlerinin arttığı görülmektedir.

ERMENİ ŞİDDET ÖRGÜTLERİ

1973 yılında Los Angeles Başkonsolosunun katli ile başlayan cinayet eylemleri 1974 Kıbrıs Barış Harekâtı, 1975 Lübnan İç Savaşı ve Türkiye'de oluşturulan duyarlı ortamın da etkileriyle, Ermeni toplumunda şiddet eğilimi güçlenmiştir. Özellikle küresel yıkıcı ve bölücü odakların Ermeni yeraltı örgütlerini tahrik etmesini takiben "silahlı şiddet eylemleri" başlamıştır.

Fanatik Ermeniler; bu safhada silahlı mücadelenin, silahlı propagandayı sağladığı için örgüte önemli kazanım olduğuna inanmışlardır. Sonunda Ermeni halkının büyük kesiminden aldıkları yeterli maddi destekle faaliyetlerini yeraltına odaklamışlardır.

Özellikle Türkiye'nin dış temsilcilikleri üzerinde yoğunlaşan Ermeni terör eylemleri, Türkiye'nin 1981'de başlayan ve her alanda plânlı olarak sürdürülen başarılı karşı koyma operasyonları ile 1985'de sıfırlanmıştır.

Şiddet eylemlerinin sona ermesi ile Diaspora Ermeni kuruluşlarının Türkiye aleyhindeki faaliyetleri bu defa siyasi alanda yoğunlaştırılmıştır.

ERMENİSTAN'IN KURTULUŞU İÇİN ERMENİ GİZLİ ORDUSU (ASALA)

ASALA terör örgütü ilk kez 21 Ocak 1975'de Lübnan-Beyrut'ta Dünya Kiliseler Birliği binasına yönelik bombalama eylemi ile ismini duyurmuştur. Bombalama olayı ile ilgili Beyrut basınında yayınlattıkları 'ASALA - Esir Karekin Yanıkyan Grubu' imzalı bildiride;

"Dünya Kiliseler Birliğine sabotajı kendilerinin düzenlediğini, ve bu operasyona; birliğin uluslararası emperyalizm örgütü olan ABD, CIA Teşkilatının bir şubesi olarak çalışmasının, Ermeni gençlerini Amerika'ya göçmen göndererek enerji ve çabalarını tüketmelerine aracı olmasının yol açtığını..." vurgulamışlardır.

ASALA'nın Cinayet Silahları

İlk eylemi takiben 7 Şubat 1975'de Beyrut Türk Turizm Bürosu kapısı önüne patlayıcı madde bırakılması, 20 Şubat 1975'de Beyrut THY Bürosuna otodan patlayıcı madde ve bildiri atılması eylemleri ile ASALA örgütü; hedeflerinin tamamen Türkiye olduğunu açıklamıştır.

ASALA militanlarının olay bölgesine attığı bildiri ile şunlar vurgulanıyordu;

" *Ermeni toplumunun emperyalizme karşı haklı davalarında mücadeleye devam edecekleri ve olayların Türkiye-İran ve ABD'ni hedef aldığı, bunun da bir başlangıç noktası olduğu ...* "

Nitekim ASALA' nın üstlendiği eylemlerde hedef aldığı yabancı kuruluşların sayısı da giderek artmıştır. Ve bu husus, "hedefin sadece Türkiye değil, çok daha geniş bir çevreyi kapsadığı" şeklinde değerlendirilmiştir.

ASALA; 22 Ekim 1975'da Viyana Büyükelçisi Daniş Tunalıgil'in öldürülmesi olayı ile Avrupada terör eylemlerini başlatmıştır. ASALA'nın bildirilerinde yer alan hususların değerlendirilmesi sonucuna göre ASALA; Aşırı sol doğrultuda olup, Marksist-Leninist bir örgüttür. Dünyadaki emperyalizme karşı mücadele eden devrimci güçlerle işbirliğini savunmaktadır. Böylece uluslararası terörde kendisine yer tutmak istemektedir. Eylemlerinde Filistin komandolarının mücadelelerini örnek aldıklarını belirtmektedir..

Merkezi Lübnan'da bulunan ASALA; kısa süre içinde Fransa, Yunanistan, İtalya, İsviçre ve ABD'de örgütlenerek faaliyet alanını genişletmiştir. ASALA'nın bazı özel bildirilerinde Taşnak Komitesi başta olmak üzere geleneksel Ermeni partilerine şiddetle hücum ettiği, onları sorunların çözümü açısından çok pasif davranmakla suçladığı bilinmektedir.

ERMENİ KATLİAMI ADALET KOMANDOLARI (JCAG)

Bu örgüt adını 27 Mayıs 1976'da Paris Ermeni Kültür Evinde meydana gelen patlamadan sonra olay yerinde 'Ermeni Katliamı Adalet Komandoları' imzalı Türkiye aleyhtarı bildiriler ele geçmesi ile duyurmuştur..

JCAG bildirilerinde bu örgütün amacını; *Bağımsız Ermenistan kuruluncaya kadar Türkiye'nin kuruluş ve temsilciliklerine karşı, sabotaj ve adam öldürme gibi şiddet eylemlerini sürdürmek"* olarak açıklamıştır.

Buna göre bu örgütün hedefi; ASALA gibi çok geniş alanlara yayılmayıp özellikle Türkiye olarak belirlenmiştir. ASALA ve JCAG terör örgütleri Türklere ve Türkiye'ye yönelik birer terör örgütü oldukları halde birbiri ile çelişki içinde oldukları, birbirinden bağımsız çalışmalarından anlaşılmıştır. JCAG, ASALA bildirileri içinde kendilerine bağlı bir Eylem Grubu olarak, yani kendilerinin operasyonel bir birimi olarak tanımlanmıştır. Fakat JCAG bu iddiayı reddetmiştir. 9 Kasım 1978'de yayınladığı bir bildiri ile aralarındaki çekişmeyi ortaya koymuştur. Bu bildiride şu ifadeler yer almıştır;

"... *Ermeni Adalet Komandoları uyarıyorlar. Ermeni sorununu kimseye kötü kullandırtmayacağız. Kendilerine Ermeni Gizli Ordusu ismini veren solcu aşırı grup Ermeni sorununu suiistimal ederek ulusal hedeflere hizmet etmektedir. Biz Avrupa ülkelerindeki bütün terör ve tahrik operasyonlarını Türklere karşı gerçekleştirdik. Ermeni toplumunun gerçek temsilcisi olan Ermeni Katliamı Adalet Komandoları ile anlaşmaya gitmelerine zorlamaktadır. Ermeni meselesinin kötüye kullanılmasına izin verilmeyecek ve derhal cevap verilecektir. Gerekirse, operasyonlar hakkında ayrıntılı açıklamalar yapılacaktır.*"

ERMENİ İHTİLAL ORDUSU (ARA)

ARA'nın ASALA'dan ayrılan bir grup olduğu tahmin edilmektedir. JCAG'a yakın görüşleri vardır. 14 Temmuz 1983'de Brüksel'de bir Türk diplomatını şehit etmiştir. Hemen sonra 27 Temmuz 1983'te Lizbon'da Türk Başkonsolosluğu'nu işgal girişiminde bulunmuştur. 20 Haziran 1984'de Viyana'da bir Türk diplomatını öldürmüş, ayrıca 19 Kasım 1984'de Viyana'da bir Türk diplomatını öldürme teşebbüsünde bulunmuştur.

1991 BAĞIMSIZLIK İLANI SONRASI TÜRKİYE-ERMENİSTAN İLİŞKİLERİ

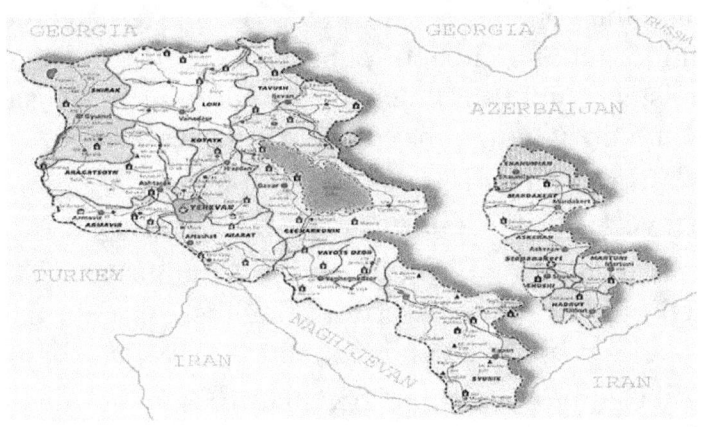

Türkiye, Ermenistan'ın dünya kamuoyunda Türkiye aleyhine yürüttüğü karalama kampanyalarına ve buna karşı Türk kamuoyunun duyduğu rahatsızlığa rağmen 1991'de Ermenistan'ın bağımsızlığını ilk tanıyan ülkedir.

Türkiye, daima bağımsız Ermenistan ile ekonomik ve siyasi ilişkileri geliştirmek gerektiğine göre hareket etmiştir. Hatta Karadeniz'e kıyısı olmamasına rağmen 1993'de Ermenistan'ın Karadeniz Ekonomik İşbirliği Örgütüne kurucu üye olarak davet edilmesini sağlamıştır.

Bu dönemde elektrik sıkıntısı çeken Ermenistan'a kendi elektrik ağından direkt enerji temin eden Türkiye, Ermenistan'ın olumsuz tavırlarına rağmen sınır ticaretine de izin vermiştir. Ve bunun karşılığında Ermenistan'dan sözde soykırım iddialarından vazgeçmesini, işgali altında tuttuğu Azerbaycan toprağından çekilmesini, Gürcistan Cumhuriyeti ve Azerbaycan Cumhuriyeti ile olduğu gibi sınır anlaşmasını yenilemesini gündeme getirmiştir. Ama Ermenistan olumsuz tavrını sergilemeye devam etmiştir.

Doğuda Azerbaycan, batıda Türkiye ve kuzeydeki Gürcistan ile önemli sorunlar yaşayan Ermenistan, kendi içinde de çok ciddi toplumsal sorunlarla karşı karşıyadır.

Ermenistan'ın uyguladığı tutum ve davranışı ile tarihi emel ve hedefinden vazgeçmediği görülmektedir.

Ermenistan'ın temel hedefi, Türkiye topraklarının bütünlüğüne yöneliktir. Bu strateji, geçmişte kalan üç-beş Ermeni örgütünün hedefi olmaktan çıkmıştır. Bağımsız Ermenistan'ın ülküsü olmuştur. Bu durumu Ermenistan'ın en önemli üç belgesine baktığımızda açıkça görürüz.

Bu belgeler; 'Bağımsızlık Bildirgesi', 'Bağımsızlık Kararı' ve 1995'de kabul edilen 'Anayasa'dır.

Ermenistan Sovyet Sosyalist Cumhuriyeti Yüksek Sovyeti'nin 23.08.1990 tarihli "Bağımsızlık Bildirisi"nin 12. Maddesinde şöyle denilmektedir;

" Genç *Ermenistan Cumhuriyeti; 1915'in Osmanlı Türkiyesinde ve Batı Ermenistan'da gerçekleştirilen soykırımın uluslararası alanda kabul edilmesinin sağlanması yönündeki çabaları destekleyecektir"*

Ermenistan Parlamentosu, 23 Eylül 1991' de aldığı bağımsızlık kararında yukarıda açıklanan *"Ermenistan Bağımsızlık Bildirisi'ne sadık kalacağını"* beyan ve taahhüt etmiştir. Ayrıca 1995 yılında kabul edilen Ermeni Anayasasında; *"Ermenistan'ın bağımsızlık bildirisindeki ulusal hedeflere bağlı kalacağı"* bir anayasa hükmü haline getirilmiştir.

Bu belgelerde de ifade edildiği gibi olmayan bir soykırımın kabul ettirilmesi ve Batı Ermenistan olarak nitelendirilen Türkiye'nin doğusundan toprak talebi artık gizli bir emel olmaktan çıkmıştır. Belki de bir başka ülke anayasasında şimdiye kadar rastlanılmayacak bir şekilde resmen dünya kamuoyuna açıklanmıştır. Anayasadan ayrı olarak dünya kamuoyuna dağıtılan Büyük Ermenistan haritalarında bunun tanıtımını yapmaktadırlar.

Türkiye ve Ermenistan ilişkileri Cumhurbaşkanı Levon Ter Petrosyan yönetiminde nispeten ılımlı havada geçmiştir. Türkiye bu dönemde dostluk elini uzatmıştır. Ancak Nisan 1998'de Taşnak örgütü eski lideri Rober Koçaryan'ın cumhurbaşkanı olmasıyla aşırı milliyetçi tüm hareketler serbest bırakılmış ve Ermenistan, Türkiye ile ilişkilerinde sertlik yanlısı politika izlemeye başlamıştır.

Levon Ter Petrosyan   Rober Koçaryan

Koçaryan, yapmış olduğu resmi açıklamada;

"....Soykırımı hiçbir zaman unutmayacaklarını, tüm dünyaya bu büyük trajediyi hatırlatmak durumunda olduklarını, soykırımın cezasız kaldığını, uluslararası tanımanın veya kınamanın da layık olduğu şekilde gerçekleşmediğini" ifade etmiştir.

Rober Koçeryan ayrıca, BM Genel Kurulu'nun 53. oturumunda da ayni iddialarını tekrarlayarak, Ermenistan Cumhuriyetinin Türkiye ve Azerbaycan tarafından abluka altına alındığını savunmuştur.

Koçaryan gibi düşünenlere en güzel cevabı Türkiye Ermeni cemaati vermektedir. Örneğin, 07 Ekim 2000'de yayınlanan "Ceviz Kabuğu" adlı TV programında konuşan Kandilli Ermeni Kilisesi Başkanı Dikran Kevorkyan Bey soykırım iddiaları hakkında şunları söylemiştir;

"Soykırım ve tehcir farklı anlamlara gelir. Emperyalistlerin büyük oyunları, Ermeni idarecilerin apolitik düş öncüleri (medya, kiliseler, din adamları) *bütün bu olaylara sebep olmuştur. Patrik ruhani bir liderdir, siyasi konularda patrikten görüş alma gibi bir yanlış yapılıyor. Emperyalist güçler ASALA ve PKK'nın arkasında olmasaydı onlar hiç bir şey yapamazlardı. Yer değiştirme meselesinde Almanya'nın İstanbul'a baskısı vardı. Burada Almanya'nın, yerleşik düzeni sarsmak ve Bağdat demiryolu konusunda ekonomik menfaatlerini sağlama almak amacı vardı.*

Bugün dünya üzerindeki Ermenilerin en rahat ve güçlü şekilde kendi kimliklerini muhafaza ettikleri ülke Türkiye'dir. Yurtdışındaki, Diasporadaki Ermeni, ismini değiştirerek mücadeleye giriyor. Çünkü orada bir kültür ağırlığıyla, o insanların kültürünü eritmek var. Bugün Türkiye'nin aleyhine konuşan Diaspora Ermenileri çok iyi biliyorlar ki, Amerika'nın bellibaşlı kiliselerinde kurban ayinleri Pazar günleri İngilizce yapılıyor, Ermeniler ana lisanlarını kaybediyorlar. Bunu söylediğin zaman kötü kişi oluyorsun. Biz onun için Türkiye'deki Ermeni vatandaşlar olarak üzüntümüzü dile getiriyoruz. Ne için? Atatürk'ün emanet ettiği Kuvay-ı Milliye ruhuna bir haksızlık yapılmaktadır. Tüm bunlar dışarıdakilerin oyunudur. PKK, ASALA, tüm bunlar dışarının oyunu. Türkiye'deki Ermeni vatandaşları olarak bizlere haksızlık yapıldığını düşünüyoruz. Ermeniler eğer akıllıysa hâlâ maşa olarak kullanılmasınlar." (Kanal 6 TV.Ceviz Kabuğu, 7 Ekim 2000). "

Dikran Kevorkyan   Patrik II. Mesrob

Türkiye Ermenileri Patriği II. Mesrob ise, 22 Mayıs 1999'da İstanbul Hilton Oteli'nde düzenlenen bir kutlama töreninde yaptığı konuşmada, sözde Ermeni iddialarının çoğunu çürüten şu mesajları vermiştir;

"İstanbul Ermeni Patrikliği'nin kuruluşu tarihte eşine rastlayamayacak olaydır. Fatih Sultan Mehmet'in İstanbul'u fethinden sekiz yıl sonra, 1461'de Batı Anadolu Ermeni Piskoposluğunu çıkardığı bir fermanla İstanbul Patrikliği olarak kabul etmesi Fatih'in ve diğer Osmanlı Sultanlarının gelecek vizyonunu ve diğer dinlere karşı gösterdiği hoşgörünün çok açık bir örneğidir.

Tarihte başka bir dine mensup bir hükümdarın başka bir dinin üyeleri için ruhani riyaset makamı tesis etmesi, ne Fatih'ten önce, ne de sonra görüldü. Yeni bir binyıla girerken dünyada yaşanan gergin ortamları, özellikle yakın çevremizde Ortadoğudaki savaş ortamını göz önüne alırsak, 538 yıl önce gerçekleşen bu olayın değerini, dinler ve kültürler arası hoşgörünün önemini, sanıyorum daha iyi kavrayabiliriz.

İmparatorluk sınırları içindeki Ermeni halkının hayatını onun örf ve adetlerine göre düzenleyen Fatih Sultan Mehmet'i, onun doğrultusunda ülkeye hizmet eden devlet adamlarını ve 1461'deki İstanbul Ermeni Patriği Bursalı Hovagim'den başlayarak bu makama sadakatle hizmet eden 83 patriğimizi sevgiyle ve minnetle anıyoruz.

Biz Türkiye Ermenileri, ülkemizde yaşayan en kalabalık Hıristiyan cemaati olarak 75. yılını coşkuyla kutladığımız Türkiye Cumhuriyeti'nin aydınlık geleceğine tüm kalbimizle inanıyor ve yarınlara ümitle bakıyoruz."

Türkiyeden resmen toprak talep eden ve buna anayasasında yer veren bir ülke ile normal ilişkilerin nasıl kurulabileceği hususu önemli bir sorundur.

Şubat 1992'de Ermenistan'da ilk büyükelçiliği açan ABD Büyükelçisi Harry Gilmore, 1992 Ermenistan'ını şöyle anlatmaktadır;

"... Erivan'da diplomatlarımızı da Erivan yerlileri gibi sıkça elektriksiz, ısınmasız ve susuz bir halde yaşar buldum. Günde bir yada iki saat kadar elektrik vardı,

hâlâ da öyledir. İlk kış müddetince diplomatlarımız telgraflarını sıklıkla gaz lambası ışığında yazdılar. Bir diplomatımız, bilgisayarların odun sobasında ısıtmadan çalışmadığını fark etti.

Şimdi evlerimizde ve elçilikte jeneratörler ve gazlı ısıtıcılar olduğu için şanslıyız. Birçok Ermeni bu kadar şanslı değil. Nükleer fizikçiler mum ışığıyla çalışıyorlar. Bir zamanlar mikro işlemci üreten bir fabrika şimdi gaz sobası yapıyor.(U.S.Congressional Record, 5 Jan.1995, S. 518)

2014 yılının Ermenistan'ı ABD Büyükelçisi Harry Gilmore'un anlattığından farklı değildir. Ermenistan'da %50'si açlık sınırında ciddi sıkıntılar çeken halk, geçimini diğer ülkelerde yaşayan yakın akrabalarının veya diaspora örgütleri ile sivil toplum örgütlerinin yaptığı yardımlarla sürdürmektedir

Karabağ'ın işgalini takiben Azerbaycan ile savaşın getirdiği belirsizlikler, Abhazya, Osetya, Çeçenistan'daki çatışmalar yabancı yatırımcılarının bölge ve Ermenistan'a olan güvenini sarsmakta, dış yatırımların Ermenistan'a akmasına da engel olmaktadır.

Dağlık bir coğrafyada ulaşım ağı ve yollarının yetersizliği, enerji kaynaklarına sahip olmayışı, kalifiye elemanlarını göç nedeniyle kaybetmesi de Ermenistan ekonomisini ciddi şekilde etkilemektedir. Nitekim Ermeni devleti kaynaklarına göre 1990-2010 yıllarında 900.000 Ermeni sırf ekonomik nedenlerden dolayı Ermenistan'ı terk etmiştir. Söz konusu rakam gayri resmi bilgilere göre 3 milyon kişidir. Bugün 100.000 civarında Ermenistan vatandaşı kaçak işçi olarak Türkiye'de çalışmaktadır.

Ermenistan resmi kaynaklarına göre ülke nüfusu; yurt dışında bulunanlarla birlikte 3.213.011 kişi olarak belirtilmiştir. Ermenistan'da yaşayanlar 2.871.771 kişidir.

Türkiye-Ermenistan ilişkilerinde önem arz eden bir diğer devlet Azerbaycan'dır. 1991'de Kuveyt'i işgal ettiği gerekçesiyle Irak'a askeri müdahale yapan ABD, Karabağ şehrinde Azerbaycan topraklarını işgal eden Ermenistan'ı görmemezlikten gelmiştir. Ayrıca ABD, kendisini daima batıya ve batılı değerlere yakın gören Azerbaycan'a oranla kendisini her zaman Rusya'ya yakın gören Ermenistan'a daha fazla yardım sağlamıştır.

Dağlık Karabağ Hocalı Köyü Katliamı (26.2.1992)

ABD yönetimi; 1992'de kabul ettiği Özgürlüklere Yardım Yasası'nın 907. maddesi ile Azerbaycan'a yardımı durdurmuştur. Bunun yanında "İnsanı Yardım Fonundan Ermenistan'a Azerbaycan'a verdiğinin tam on katı yardım vermiştir. Örneğin, 1995 yılına kadar Ermenistan'ın aldığı insani yardım yaklaşık 455.milyon dolar iken Azerbaycan toplam 65 milyon dolar alabilmiştir. 2002 yılına kadar ise ABD'nin Ermenistan'a yardımı 1.200.000.000 dolar iken bu rakam Azerbaycan için 165.000.000 dolar olmuştur. (Araz Aslanlı; "ABD'de Adaletsizliğe Verilen Ara: 907 Sayılı Ek Maddenin Durdurulması", Stratejik Analiz, Ocak 2002, c.2, Sayı 21, S.59)

Bugün Kafkasya'da istikrar sağlama amaçlı olarak üzerinde çalışılan Ermenistan-Türkiye ilişkilerinin normal hale getirilmesi sürecinde ABD ve AB ülkeleri Türkiye'ye baskı uygulanırken Ermenistan'ın ilişkileri geliştirmek için olumlu adımlar atması hususu asla dile getirilmemektedir.

Bir diğer önemli husus ise ABD'nin terörist ülke olarak kabul ettiği İran'ın, adeta en yakın ticari ve siyasi müttefikinin Ermenistan olmasıdır.

İşin garibi siyasi iktidarı meclisi basarak ele geçiren mevcut Ermenistan Hükümetini ABD; terör karşıtı bir ülke olduğu için tebrik ettiği ülkeler arasında yer almıştır.

Bağımsızlık bildirgesine soykırım iddiasını koyan ve buna sadık kalınacağı ifadesini yerleştiren Ermenistan Anayasasının 13.Maddesinin ikinci fıkrasında Ermenistan Devleti'nin armasının içinde Ağrı Dağına yer verilmiştir.

Bugün dünya kamuoyunda Türkiye'ye sürekli sorun çıkartan kendi küçük ama sesi çok çıkan bir Ermenistan Devleti ile karşı karşıya bulunmaktayız.

1998'de Ermenistan Cumhurbaşkanlığına atanan Robert Koçaryan, iktidara geldiğinden itibaren soykırımın dünya üzerinde tanınmasını, Ermenistan'ın dış siyaset hedeflerinden birisi olarak açıklamıştır.

Söz konusu devlet siyasetini Dışişleri Bakanları her platformde dile getirmekte ve sözde soykırımın tanınması konusunun Ermenistan dış siyasetinin en önemli unsuru olduğunu açıkça savunmaktadır.

Ermenistan ve yurt dışındaki Diaspora Ermenileri lobisi, Ermeni sorununu AB ülkeleri ve ABD'yi yanına alarak bir Türkiye-AB ve Türkiye-ABD sorunu şekline dönüştürmüştür. Oysa Ermeni yönetiminin Türkiye ile ilişkilerinde radikal kararlar almaları gerekmektedir.

Şurası unutulmamalıdır ki; Türkiye ile Ermenistan ilişkilerindeki olumlu gelişmelerden Türkiye'den daha çok Ermenistan Devleti yararlanacaktır.

Ermenistan'ın nefes borusu konumunda yer alarak denizlere ve modern batıya açılan kapısı olan Türkiye'yi iyi değerlendirmesi gerekmektedir. Her açıdan tam bir çıkmazın içerisinde olduğu bilinen Ermenistan, Türkiye ile yakınlaşmasından ciddi kazançlar elde edecektir.

Oysa günümüzde ve geçmişte küresel güçlerin bir oyuncağı olmaktan kendini kurtaramayan Ermenistan yönetimi gerçeklerin tamamen zıddı olan Türkiye karşıtı politika uygulayarak büyük zararlar görmektedir.

GÜNÜMÜZDE DİASPORA ERMENİLERİ VE STRATEJİLERİ

1.Dünya Harbi içinde 1915'de Osmanlı Devleti tarafından soykırıma tabi tutuldukları iddiasını yaşatarak Türkiye dışındaki Ermenileri bir arada tutup tek hedef istikametinde yönlendiren Diaspora Ermenilerinin plânlı faaliyetleri bugün Türkiye'nin dış politikasını olumsuz yönde etkileyebilecek bir seviyeye ulaşmıştır.

ABD'de Ermeniler Türkiye'yi Suçlama Toplantısında

Diaspora kelimesi aslında Yahudiler için kullanılan bir terimdir. Ana yurtlarından ayrılarak yabancı ülkelerde yerleşen Yahudileri tarif için kullanılan bir kavramdır. Buna rağmen, Türk Dil Kurumunun lügatında "kopuntu" anlamındaki Diaspora kelimesi 20.yy ortalarından itibaren yurtdışındaki Ermeniler için de kullanılmaya başlamıştır.

Bugün, Diaspora Ermenileri kurumsallaşmıştır. Türklere ve Türkiye'ye karşı yurt dışındaki Ermeni faaliyetlerini organize eden ve doğrudan Ermenistan'ın dış politikasını yürüten bir kuruluşa dönüşmüştür.

Bugün dünya Ermenilerini birbirinden kopuk üç ayrı kategoride görmekteyiz.

Bunlardan birincisi 1991 yılında SSCB'den ayrılan bağımsız Ermenistan Cumhuriyeti topraklarında yaşayan Ermenilerdir. Tamamen kapalı ve dışa bağımlı ekonomi içinde oldukça fakir durumdaki Ermenileri temsil ederler.

İkincisi, bin yıldır Anadolu coğrafyasında yaşayıp bugünde ayni topraklarında ikamet eden, sayıları giderek azalan TC. uyruklu Ermeni yurttaşlarımızdır.

Üçüncüsü ise geçen yüzyılın başlarında Osmanlı Devletinden dünyanın dört bir yanına dağılan Ermenileri bir arada tutmaya çalışan Diaspora Ermenileridir.

Bu üç grubun günlük yaşantıları, ihtiyaç ve gelecek beklentileri birbirinden çok farklıdır. Diaspora Ermenileri birbirinden çok uzak ve tamamen ayrı ülkelerde ayrı kültürle içiçe yaşamaktadır. Buna rağmen bunları birbirine bağlayan tek fikir, Türk düşmanlığı ve geçmişte yaşandığı kabul edilen soykırımın intikamının bugün alınmasıdır.

Diaspora Ermenilerini dünyayı yöneten küresel güçler yaratmıştır. Bulundukları ülkelerde ciddi şekilde kimlik bunalımı içinde olan ve yaşadıkları yabancı toplum içinde yer tutma mücadeleri veren Ermenileri bir arada tutmak ve asimile olmalarını önlemek için tek yol olarak ortak tarihi geçmişte atalarının yaşadıklarına inandırılan soykırım safsatasına sarılmalarını sağlamak olmuştur.

Bu psikolojiyi çok iyi değerlendiren küresel güçler; birbirinden binlerce kilometre uzaklıkta yaşam mücadelesi veren Ermeni toplumunu Türk düşmanlığı ortak fikrinde birarada tutabilmişlerdir. Sonunda bu topluluğu değişik yerler ve yönlerden ayni hedefler doğrultusunda hareket ettirebilme başarısını göstermişlerdir. Bu şekilde perde arkasında kalıp küresel çıkarlarını korumak için Ortadoğu bölgesinde Türkiye'ye karşı kullanabilecekleri elverişli bir maşa oluşturulmuştur.

Bugün ABD başta olmak üzere Fransa, İngiltere ve Almanya dâhil AB içinde söz sahibi olabilecek bir ortam yaratan Ermeni Diasporası, Türkiye'nin AB'ye girişini bile ciddi ölçüde etkileyebilecek faaliyetlerde bulunmaktadır.

1915 yılı Ermeni Silahlı Terör Grupları

Birinci Dünya Savaşı esnasında Osmanlı Devletinin Kafkasya, Suriye ve Çanakkale cephelerinde yoğun olarak bulunmalarından kaynaklanan anavatandaki asayişsizlik durumundan yararlanan silahlı Ermeni terör gurupları, dış güçlerin de desteğiyle cephelerde düşmana karşı savaşan Osmanlı ordusunun harekâtını aksatarak güçleştirmek için her çeşit engellemeleri yapmıştır. Bir kısmı düşman safına katılmış ve masum halka silahlı saldırıda bulunulmuştur.

Artan terör eylemleri sonucunda Osmanlı Devleti 30 Mayıs 1915'de aldığı tehcir (göç/yer değiştirme) kararı ile ayaklanma çıkaran Ermenileri, savaş bölgesinden alarak yine Osmanlı sınırları içerisindeki Suriye bölgesine nakletmiştir.(Osmanlı Meclis-i Vükela Mazbatası, 198/163)

Osmanlı hükümeti, savaştan sonra 4 Ocak 1919'da tehcire tabi tuttukları Ermeni yurttaşlarından isteyenlerin tekrar evlerine dönebileceği kararını almıştır. (Başbakanlık Osmanlı Arşivleri Bab-ı Ali Evrak Odası No: 341055).

Bunların büyük bir kısmı eski yerlerine döndü. Bir kısmı daha rahat yaşayacaklarını düşünerek ABD, Fransa,

Brezilya, Arjantin, Avusturalya, Hindistan, Rusya ve İrana göç etti. (Ermeni Tehciri, Yusuf Halaçoğlu, İst.2006, S.107-110)

Tehcir/Göç kafileleri yollarda

1915-1920 yılları arasında özellikle Avrupa'ya göç eden Ermenilerin meydana getirdiği gruplaşma, yabancı bir ülkedeki yalnızlık duygusu, akrabalık ilişkileri, kader birliği gibi etkenler Anadolu dışında yaşayan Ermenileri bir araya getirmiş ve bugünkü Ermeni Diasporası'nın ana gövdesini oluşturmuştur.

Diaspora Ermenileri ilk defa Lozan Konferansı öncesinde bir araya gelmişler ve "Ermeni Milli Heyeti"ni oluşturmuşlardır. Bu heyet, halen günümüzde de devam eden Ermeni iddialarını ortaya koymuştur.

Heyet, bilahare bu iddialarını hayata geçirmek amacıyla konferansın hazırlık safhasında İngiltere, Fransa, İtalya, Yugoslavya ve Yunanistan'da yaşayan Ermenilere mektup göndererek ittifak oluşturmaya, Türk toprakları üzerinde talep ve iddiaları bulunan çeşitli topluluklarla işbirliği yapmaya çalışmıştır.

Lozan Konferansı esnasında Ermeniler lehine hareket edebilecek bütün kurumlar, kuruluşlar, devlet ve kişilerle irtibat kurmaya çalışmış, her türlü yol ve yöntemi aramış ve hatta Türk heyeti ile bir araya gelebilmek için büyük çaba harcamışlardır.

Lozan'da isteklerine ulaşamayan Ermeni toplumu kendi örgütü yapısı içerisinde dayanışmasını devam

52

ettirmiş, fakat 1965'e kadar Türkiye aleyhtarı önemli bir eylemleri olmamıştır.

Tehcir/Göç kafileleri yollarda

Ermeni Diasporası, 1965 yılında soykırımın 50 nci yılı olarak yaptığı büyük etkinliklerle gündeme gelmiştir. Bu andan itibaren faaliyetler artık 'Büyük Ermenistanın kurulması' ve 'Türk halkının Ermeni halkını soykırıma tabi tuttuğu' gibi gerçeklerin dünya kamuoyunda kabul ettirilmesi istikametinde yönlendirilmeye başlanmıştır.

Türkiye'nin komünizm tehdidine karşı 1952'de NATO'ya üye olması üzerine Diaspora Ermenileri Ruslar ile yakınlaşmaya başlamıştır.

1973'de Los Angeles Konsolosluğu saldırısı ile Ermeni Diasporası bu defa terör olayları ile gündeme gelmiştir. 1973-1984 arasında Ermeni terör örgütleri 42 Türk diplomatını şehit ederek sesini duyurmuştur.

Türkiye'nin aldığı karşı tedbirler sonucu 1984'ten itibaren sesi kesilen Ermeni Diasporası, Ermenistan'ın 1991'de SSCB'den bağımsızlığını kazanmasıyla yeniden ortaya çıkmıştır. Diaspora'nın günümüzde uyguladığı politikalar, bulundukları ülke yönetimlerini etkileyerek soykırım iddialarını kabul etmelerini sağlamak ve bu konuda Türkiye'ye baskı uygulanarak bazı yaptırımlar elde edilmesi yönünde devam etmektedir.

Ermenistan'ın 1993 tarihinde Azerbaycan'ın Dağlık Karabağ bölgesini işgal etmesini müteakip Diaspora Ermenileri kendi aralarında saygınlık kazanmıştır.

Karabağ'ın işgali Türkiye-Ermenistan ilişkilerini olumsuz etkileyen hususlardan biridir. Azerbaycan toprağı olan Karabağ halen fiilen Ermeni işgali altındadır. Bu olay Ermenistan'ın AGİT'e ve Avrupa Konseyi'ne tam üyelik yükümlülükleriyle de çelişmektedir.

1998'de Ermenistan Cumhurbaşkanı seçilen Robert Koçaryan önceki yönetimin görünüşte Türkiye'ye karşı ılımlı saydığı politikasına artık son vermiştir. Ve Ermeni soykırımının uluslararası platformlarda tanınmasını devletin dış politika öncelikleri arasına almıştır. Ayrıca Türkiye ile karşılıklı olarak toprak bütünlüğü ve sınırların dokunulmazlığını teyit eden protokolü hiç imzalamayarak uzlaşmaz politikasını sürdürmüştür.

Diaspora Ermenileri, 1915 tehcir olayından 90 sene sonra 2005'te özellikle ABD'de yaşayan zengin iş adamları ve sanatkârların da desteğiyle çeşitli etkinlikler yaparak ve bu etkinlikleri basın yolu ile yayarak ezilen ulus imajını yaratma çabası içinde görülmüştür. Bu arada Türkiye'nin AB'ye üyelik müzakereleri öncesinde Ermeni soykırımı iddiasını gündemde tutmayı başararak pek çok ülkenin desteğini almışlardır.

Diaspora örgütleri, başta eğitim, sağlık, din hizmetleri ve politika olmak üzere birçok alanda faaliyet göstermektedirler. Ermeni Diasporası soykırımı tanıtma faaliyetlerinde Yahudi soykırımı/ Holocaust'ına benzer tarzda bir Ermeni Holocaust'ı üretmeye çalışmakta ve 1915 olayları üzerinden Türkiye'ye dönük Tanıma, Tazminat, Toprak gibi kazanımları hedef almaktadır.

Ermeni Diasporası, yoğun çalışmalar sonunda Arjantin, Almanya, Belçika, Fransa, Hollanda, İsveç, İsviçre, İtalya, Kanada, Lübnan, Rusya Federasyonu, Slovakya, Uruguay, Yunanistan ve Polonya olmak üzere 28 ülkeye "Türklerin 1915 yılında Ermenilere soykırım yaptığını" resmen kabul ettirmiştir.

Bugün Türkiye'nin suçlandığı sözde soykırım meselesi her ne kadar asılsız kaynaklara dayansa da

Türkiye için uluslararası ilişkilerde imaj kaybına sebep olmuştur. Bu konu Türkiyenin dış politikasını sürekli baskı altında tutmaktadır. Türklere yönelik psikolojik operasyonlar için ülkelere kolayca kullanabilecekleri bir propaganda malzemesi temin etmektedir.

Ermeni Diasporası en son başarısını Türkiye-AB ilişkilerinde göstermiştir. AB, Ermeni soykırımı ile ilgili olarak Türkiye'ye iki dayatmada bulunmuştur. Bunlar, Türkiye'nin AB'ye girebilmesi için Ermeni Soykırımını tanıması ve öncelikle Türkiye'nin Ermenistan'la sınır kapısını açmasıdır.

Ermeni örgütlerinin faaliyet alanlarına dikkatlice baktığımızda ve bugüne kadar elde ettikleri başarıları incelendiğinde genel strateji olarak belirledikleri hareket tarzlarını aşağıdaki yedi maddede özetlemek mümkündür;

1- Bilimsel araştırmalar yaptırarak Ermeni toplumunun tarihinin aydınlatılması,

2- Sosyal dayanışma ile Ermeni örf, adet ve kültürünün geliştirilerek Ermenilik benliğinin yaşatılması,

3- Dünya Ermenileri arasında Türkiye'nin ve Türklük düşmanlığının yaygın hale getirilmesi,

4- 1915 Ermeni Tehciri uygulamalarının ve 1920 Sevr Antlaşması'nın tahrif edilip istismarı ile Türkiye'den toprak ve tazminat talebinde bulunulması,

5- Gelişen kitle iletişim araçlarından yararlanarak dünya kamuoyuna etki etmek amacıyla Türkiye'nin aleyhinde çok yönlü ve sürekli olumsuz propaganda yapılması,

6- ABD ve Avrupa ülkeleri başta olmak üzere dünya kamuoyunun Ermeni meselesine sahip çıkması için parlamentolar üzerinde siyasi baskılar yapılması,

7- Dünyayı yönlendiren küresel kuruluşlar nezdinde girişimde bulunularak bunların yönetim kadrolarının Türkiye aleyhinde harekete zorlanmasıdır..

Türkiye aleyhinde yürütülen Ermeni propaganda faaliyetlerinde yazılı ve görsel medya, film ve fotoğraf sergileri, panel ve seminerler konferanslar, çeşitli gösteri yürüyüşleri yapılması, anıtlar dikilmesi gibi aktiviteler aralıksız sürdürülmektedir.

Ermenilerin, zararlı faaliyetlerini plânlama ve icra edebilme açısından bazı ülkelerde daha elverişli ortam buldukları görülmektedir. Türkiye aleyhinde faaliyetlerin devam ettiği ülkeler açısından konuya yaklaştığımızda bu ülkelerde şu ortak özelliklerin olduğunu görürüz;

- *Politik kişi ve kuruluşları oyları için imrendirecek kadar Ermeni nüfusuna sahip olunması,*

- *Yasaların Ermeni örgütlenmesine imkan vermesi,*

- *Bulunulan ülkede Ermeni sorununa sempati duyulması, Ermenilerden çok yönlü çıkar ve yarar sağlanabilecek bir ortam olması ve o ülkelerin Türkiye'ye karşı duyarlı bir politika izlemesi,*

- *Dinsel birliğin kullanılması ve ruhanilerin Ermeni tezi yönünde çaba göstermesi,*

- *Üst düzey siyasette Ermeni kökenlilerin yer almasıdır..*

Sonuç olarak diyorum ki; Diaspora Ermenileri 100 yıllık bir gerçektir. Bunlar, geçen süre içinde Türkiye'ye açtıkları savaşı bitmeyen bir hınç ile sürdürmektedirler. Bulundukları ülke yönetimlerini ve geniş bir kamuoyunu etkilemeyi başarmışlardır.

O halde bizim yapmamız gereken bu grupla nasıl mücadele etmemiz gerektiğini bilimsel yollar ile bulup bunu ciddiyetle uygulamak olacaktır. Doğal olarak bu mücadele tüm dünya coğrafyasını kapsadığından kolay olmayacaktır.

TÜRKİYE ÜZERİNDE TARİHİ OYUNLAR VE GÜNÜMÜZE YANSIYANLAR

Devlet yönetimine soyunan kişilerin tarih ilmi ile çok yakından ilgilenmeleri ve yönetimlerinde ülkenin tarihi gerçeklerine uygun hareket etmeleri çok önemlidir. Özellikle siyasi tarih kitapları yönetim kadroları için ülkelerini iyi yönetmelerinde asla vazgeçemeyecekleri çok ciddi bir el altı kaynağıdır.

Çünkü tarih hep tekerrür eder. Zaman ve mekân değişebilir, ama olaylar hiç değişmez. Bu bakımdan tarihi iyi etüt edebilen ve yakın çevresindeki danışmanlarını tarihçiler arasından seçen liderler çok az yanlış yaparlar.

Konuyu özellikle vurgulamamın sebebi, bir tarihçi olarak bugün ülkemiz üzerinde oynanan küresel oyunlar ile bundan bir asır önce Osmanlı Devletini yıkmaya çalışan batılı sömürgecilerin hedefleri ve hareket tarzları arasında büyük bir benzerlik olduğunu görmemdir. Dünün sömürgeci devletleri bugünün küreselleşmeci devletleri olmuşlardır. Çalışma yöntemleri birbirinden farklı olsa da seçtikleri hedefler ve üzerinde hareket ettikleri toplum aynidir. Doğal olarak hareket sahaları da aynidir.

Şimdi yüz yıl önceye dönelim ve tarihe ışık tutan olaylardan birkaçını gündeme getirip ülkemiz üzerindeki emperyalist düşüncelerin değişmediğini görelim..

28 Nisan 1919'da bugünkü Birleşmiş Milletlerin ilk sürümü olan "Milletler Cemiyeti Misakı" kuruldu. Bu cemiyetin kuruluş belgesinde yer alan manda statüsündeki devletlerin durumu ile ilgili maddesi doğrudan doğruya Osmanlı Devleti ile ilgiliydi. Buna göre; *"Parçalanma*

sürecindeki Osmanlı Devletinden ayrılacak bölümlerin hangi mandacı devletin himayesine gireceği hususunda, o bölgede bulunan halk topluluklarının isteklerinin asıl belirleyici olacağını" öngörüyordu.

1. Dünya Savaşını bitiren Ateşkes Anlaşmalarından sonra 18 Ocak 1919'da Paris'te ilk toplantısını yapan Barış Konferansına İngiltere, Fransa, İtalya, ABD, Japonya'nın yanısıra 32 devlet katıldı. Paris Konferansında ağırlık o günlerin güçlü galipleri olan İngiltere, Fransa ve ABD.'nin elinde idi.

ABD, King-Crane Komisyonu

Çözülmesi gereken ilk sorun Avrupa'nın durumu ve yeni sınırlarının çizilmesi, ikincisi sömürgelerin özellikle Osmanlı Devleti mirasının paylaşılması idi.

Paris Konferansı'nda, toplumların arzularının ne olduğunu yerinde tespit etmek üzere bölgeye bir komisyon gönderilmesi kararlaştırıldı. Fransa ve İngiltere zaten bölgede işgâlci ülke idiler bu yüzden komisyona katılmayı gereksiz gördüler. Bu durumda sadece bir ABD heyetine görev verilmesi uygun bulundu ve ABD'nin ünlü "King-Crane Komisyonu" faaliyete geçti.

ABD komisyonunun iki görevi vardı. Birincisi Arap illerinde kamuoyunun genel eğilimlerini saptamak, ikincisi de Arap toprakları dahil olmak üzere savaş öncesi Osmanlı Devleti üzerinde ABD mandasının olabilirliğini araştırmaktı. Şimdi tarihçi gözü ile komisyonun çalışma

58

alanına baktığımızda bugün de ABD'nin ilgi alanına girip üzerinde dikkatle çalıştığı bölge olduğunu görürüz.

ABD Heyeti bugün basında adını sık duyduğumuz Şam, Lazkiye, Gazze, Beytüllahim, Ramallah, Nablus, Cenin, Nasıra, Amman, Telaviv, Baaalbek, Beyrut, Cebel, Sidon, Zahle, Trablusşam, Hama, Halep, İskenderun, Adana, Mersin ve Tarsus bölgesinde incelemelerini yaptı ve işini bitirip 21 Temmuz 1919'da İstanbul'a hareket etti.

Osmanlı Devleti topraklarında manda devletçikler kurulmasını öngören 10 Ağustos 1920 tarihli Sevr Antlaşmasından bir yıl önce hazırlanan 28.08.1919 tarihli King-Crane Komisyonu raporunda; Osmanlı Devletinin, İstanbul, Ermenistan ve kalan Anadolu olmak üzere üç devlete ayrılması ve her üçünün de ABD mandası altına sokulması tavsiye ediliyordu.

İşte bu rapordan günümüzde de geçerliliğini devam ettiren İstanbul ve Boğazlar ile ilgili çarpıcı hükümler;

Madde- 4 : *Doğu yarımküresinin üzerinde pek çok devletin hak iddia ettiği bu 'köprü toprakların' önemi göz önüne alınırsa, İstanbul ve Boğazlar'ın denetimi konusu farklı bir yaklaşımı gerektiriyor. Boğazların durumu o kadar benzersiz, ilişkiler öylesine karmaşık ve geniş kapsamlı, sorumluluklar öylesine ağır, olasılıklar o kadar tüyler ürperticidir ki, Osmanlı Devleti'nin son derece kötü bir yönetim siciline sahip milleti şöyle dursun hiçbir ulus tek başına böyle bir görev için uygun değildir.*

Dünyada böylesine şiddetle uluslararası yönetimi talep eden başka hiçbir yer yoktur; bu bölgenin önemi, ulusların yalnız bencilce itiş kakışlarını ve sonu gelmez entrikalarını bir yana bırakmalarını değil, aynı zamanda bu stratejik fırsattan tüm dünya ülkelerinin lehine yararlanmalarını da şart koşuyor.

Bu, yeni İstanbul devletinin kurulması anlamına geliyor: Doğrudan ve sürekli Milletler Cemiyeti'ne bağlı, ama muhtemelen vasi olarak Cemiyet'e karşı sorumlu ve onun tarafından azledilebilecek tek bir mandater devletçe

*yönetilen bir İstanbul. Böyle bir çözüme ilk anda Türkler'
in çoğunun karşı çıkacağına kuşkumuz yoktur. Fakat
Osmanlı Devleti bu muazzam bir dünya sorumluluğuna
uygun değildir. Bu büyük sorumluluğun omuzlarından
alınması ve hükümetinin yüzlerce yıldır sayısız entrikalar
merkezine dönüşmüş bu yerden çıkarılması, Osmanlı
devleti için de daha iyi olacaktır.*

*Sade Türk halkı, emperyalizmin erişiminden özgür,
çok daha mutlu bir hayat sürecek ve Osmanlı devleti
gayretlerini kendi yurttaşlarının refahına verebilecektir."*

Bu maddeyi günümüzdeki AB, ABD, Vatikan ve
Ermenistan kaynaklı olarak ortaya atılıp gerçek olması
için her alanda ciddi çalışmalar yürütülen 'İstanbul
Türklere bırakılmayacak kadar önemlidir' sözü ile birlikte
düşünelim. Meşhur Sevr Antlaşmasının azınlıklar ile ilgili
maddelerini dikkate alalım. Milli mücadele öncesinde ülke
aydınlarının mandacılık fikrine nasıl sahip çıktıklarını
anımsayalım. Bütün bunları günümüz basın organların ve
sivil toplum kuruluşu adı altında küresel güçlerin çıkarları
doğrultusunda faaliyetlerini yürüten gizli maşaların tutum
ve davranışlarıyla mukayese edelim. O zaman dünden
bugüne değişen fazla bir şey olmadığını görebiliriz.

İşte bunun içindir ki, Atatürk NUTUK adlı ölümsüz
eserini kaleme almış, ülkemiz üzerinde oynanan oyunları
bütün yönleri ile açıklamış, bunlara karşı neler yapılması
gerektiğini ve neler yaptığımızı ortaya koymuş, sonunda
derin anlamlar taşıyan Gençliğe Hitabesini yazmıştır..

Konulara bu gözle bakılmadan Ermeni Soykırımı
olayını kavramamız mümkün değildir. Çünkü dün bizi
istemeyenler bugünde istemiyorlar. Dünyanın merkezinde
yer alan bu toprakların bin yıldır Müslüman Türklerin
hâkimiyetinde olması gerçeğini halâ kabul edemiyorlar.

CANLI ŞAHİTLERİN AĞZINDAN OSMANLI DÖNEMİ ERMENİ İSYANLARI VE TERÖRÜ

Osmanlı Devleti'nin mağlubiyeti ile sonuçlanan 1877-1878 Osmanlı-Rus Savaşından (93 Harbi) sonra 13 Temmuz 1878'de Berlinde Osmanlı Devleti ile Rusya, Almanya, Fransa, Avusturya-Macaristan İmp. ve İngiltere arasında imzalanan Barış Andlaşmasını müteakip Ermeni sorunu ile ilgili çok önemli iki gelişme olmuştur..

Bunların birincisi, Batı ülkelerinin Osmanlı Devleti bünyesindeki Hristiyan teb'ayı bahane ederek devletin yönetim kademesi üzerindeki baskı ve müdahalelerinin dozunu arttırmalarıdır. İkincisi ise; Anadolu, Suriye ve Rumeli'de dağınık haldeki Ermenilerin Anadolu'nun çeşitli bölgelerinde ve özellikle Doğu Anadolu ve Adana yöresi başta olmak üzere aldıkları dış yardım ile yer altında gizli örgütlenmeleri ve silahlanmalarıdır.

İlk kışkırtma Rusya'dan gelmiştir. Rusların Ermeni toplumuna verdiği olağanüstü destek İngiliz ve Fransızları Ermenilerle daha çok ilgilenmeye sevk etmiştir. Doğu Anadolu'daki İngiliz konsoloslukları'nın sayısı arttırılmış ve bölgeye Protestan misyonerler gönderilmiştir.

Bu kışkırtmalar sonucu Doğu Anadolu'da 1880'den itibaren çeşitli Ermeni komiteleri kurulmaya başlamıştır. Ancak bu komiteler yerel düzeyde kalmıştır. Komiteler Osmanlı Devleti yönetiminden şikâyeti olmayan, barış ve refah içinde yaşayan Ermeni halkının çoğunun desteğini alamadıklarından yeterince başarılı olamamıştır.

Osmanlı Ermenilerini bu komiteler yoluyla devlete karşı harekete geçirmek mümkün olmayınca Rusya'da yaşayan Ermenilere Osmanlı toprakları dışında çeşitli komiteler kurdurulması yoluna gidilmiştir. Önce 1887'de Cenevre'de sosyalist eğilimli, ılımlı militan HINÇAK, 1890'da Tiflis'te aşırı solcu, anarşi, terör, isyan, mücadele ve bağımsızlık yanlısı TAŞNAK Komitesi kurulmuştur. Bu komitelere; Anadolu topraklarının ve Osmanlı Devleti Ermenilerinin kurtarılması hedef olarak verilmiştir.

TAŞNAK ÇETECİLERİ

Yoğunlukla İstanbul'da örgütlenip Ermeni teb'ayı kışkırtmayı hedefleyen Hınçak komitacılarının başlattığı ayaklanma girişimlerini, Taşnak komitesinin girişimleri izlemiştir. Bu ayaklanma girişimlerinin ortak özellikleri; Osmanlı ülkesine tamamen dışarıdan gelen komitelerce plânlanmış ve yönlendirilmiş olmalarıdır. Bu örgütlerin faaliyetlerinin geliştirilmesinde Anadolu sathına yayılan misyonerlerin büyük katkısı olmuştur.

İlk Ermeni isyanı 1890'da Erzurum'da meydana gelmiştir. Bunu, yine aynı yıl meydana gelen Kumkapı Ayaklanması, 1892 ve 1893'te Kayseri, Yozgat, Çorum ve Merzifon olayları, 1894'te Sason isyanı, Babıâli gösterisi ve Zeytun isyanı, 1896'da Van isyanı ve Osmanlı Bankası işgali, 1903'te 2. Şason isyanı, 1905'te Padişah Sultan Abdülhamid'e suikast girişimi ve son olarak 1909'da gerçekleşen Adana isyanı izlemiştir.

21.7.1905'te SULTAN ABDÜLHAMİD'E YILDIZ SUİKASTİ

Bu isyan olaylarında Müslüman halktan pek çok kişi Ermeni mezalimi sonucu hayatlarını kaybetmiştir.

Ermeni isyanlarının Osmanlı birlikleri tarafından bastırılması özellikle dünyanın Hristiyan kamuoylarına "Müslümanlar Hristiyanları katlediyor" propagandasıyla yansıtılmıştır. Böylece Ermeni sorunu plânlandığı şekilde giderek uluslararası bir nitelik kazanmıştır.

Bu döneme ait İngiltere ve Rusya'nın diplomatik temsilciliklerinin raporlarında Ermeni ihtilalcilerin hedefi olarak; "tüm ülke sathında karışıklık çıkararak Osmanlı askeri güçlerinin şiddetle karşılık vermesini ve böylece yabancı ülkelerin duruma hemen müdahalesini sağlamak" olduğunu bildirmişlerdir.

Ermeni teröristler tarafından 1973'de ABD'den San Fransisko'dan başlayarak Türkiye'nin dış temsilciklerine karşı girişilen saldırıların yapıldığı saatlerde, batı ülkeleri televizyonlarında ayni anda Türklerin Ermenilere 1915'te yaptığı soykırımın vahşetini gösteren filimler oynatılması rutin faaliyetler olarak görülüyordu..

Birkaçını izleme şansı bulduğum bu filimler son derece profesyonel şekilde hazırlanmışlardı. Oyuncuların hepsi gerçek sanatçı idiler. Ajanslar Türk diplomatların katlini verirken gösterime sokulan filimlerle aslında " Bu olayın soykırım yapanlardan bir öç alma içgüdüsü ile gerçekleştirilen çok doğal ve son derece masum bir tepki olduğu" imajı verilmeye çalışılıyordu.

Ermeni Diasporası yöneticileri tarafından önceden hazırlanmış soykırım filimlerinin batı televizyonlarında ücreti mukabilinde gösterilmesi ve önemli sayıda toplum kesimlerini etkilediğinin görülmesi hususu Türkiye'nin dikkatini çekti. Karşıt bir kamuoyu oluşturmak gayreti ile Türk hükümeti benzeri bir çalışma için harekete geçti. Bunun için artistleri oynatmaya gerek yoktu. Olayların geçtiği Doğu ve Güneydoğu Anadolu bölgemizde Ermeni mezalimine uğrayan o günleri görmüş olan insanlarımız halen hayatta idiler ve genellikle 80 yaş civarında bulunuyorlardı. TRT Kurumu filim ekipleri devreye girdi. "Canlı Tarih" adı altında o günleri görüp yaşamış insanlarımızla hem evlerinde ve hem de olayların geçtiği mahallerde bir seri canlı ropörtajlar yapılıp tüm gerçekler yaşayanların ağzından ortaya dökülecekti.

Önce illerin yöneticilerinden bölgelerinde bulunan bu gibi kişilerin durumlarının tespiti istendi. Bilahare bölgeye gönderilen ekipler olayları yaşayan kişileri filme almaya başladı. Gerçek bir canlı tarih belgesi niteliğinde olmak üzere 1982 yılına gelindiğinde görüşülen kişilerin sayısı ikiyüzü aşmıştı.

Bu çalışmaların önemli bir bölümüne ben de iştirak ettim. Kars'taki Ani harabeleri bölgesinden başlayarak Van'da Zeve köyünde son bulan uzun bir çalışma sonunda pek çok kişiyle karşılıklı bire bir görüşme fırsatı buldum.

Duyduklarımdan çoğu zaman dehşete düştüğümü hatırlıyorum. İnsanların bin sene birlikte ve huzur içinde yaşadığı kapı komşusu olan bir diğer insana bu mezalimi yapabilmesi için gerçekten çıldırmış olması gerekirdi. Ama duyduklarım bir gerçekti. Canlı tarihin mağdurları olayın üzerinden yetmişyıl geçmesine rağmen yaşadıkları inanılmaz vahşeti dile getirirken hâlâ o korku dolu anları zihinlerinde yaşattıklarına bizzat şahit oldum...

Bu çalışmalar esnasında Türk milletinin ne kadar asil, mülayim ve affedici olduğuna bir kere daha şahit oldum. Bu filimler şimdi TRT arşivinde mevcuttur. O günlerde özellikle yurt dışında yapılan plânlı tanıtma ve bilgilendirme çalışmalarında kullanılmıştır. Filimlerden pek çoğu birkaç yabancı dile çevrilmiş ve dışişleri temsilciliklerimiz vasıtasıyla bütün dünyaya yayılmıştır. Sonuçları da başarılı olmuştur.

18 Nisan 1984'de Ankara Üniversitesi tarafından gerçekleştirilen Uluslararası Terörizm Sempozyumunda bildiri sunan ABD'lerinden Prof. Dr. Justin Mc Carthy makalesinin sonunu şöyle bağlıyordu; *"Doğu Anadolu'da 1 milyondan fazla ve Kafkas göçmeni Müslümanlardan da 130.000 kişi hayatını kaybetmiş bulunuyordu. Altı Vilayette ise 870.000 kadar Ermeni yerlerinden göç etmek zorunda kalmış veya ölmüştür. Anadolu'nun tümünde 600.000 kadar Ermeni ve 2,5 milyon da Müslüman öldü.*

Eğer bu bir soykırımsa, kurbanlardan daha çok katillerin öldüğü ilginç bir soykırımdır."

Burada 1915 Ermeni mezalimini bizzat yaşayan iki yurttaşımızın kendi ağzından ifadeleri ile konuya dikkat çekmek istedim. Bu ifadeler olaylardan küçük bir kesittir. T.C.Devleti arşivlerinde bunlardan binlercesi mevcuttur. Bütün bunlara rağmen tüm olaylar dünya kamuoyuna tam tersinden yansımış ve gerçekler daima saklanmıştır.

Sözde Ermeni soykırımı iddiaları tarihin bilerek saptırılmasının varabileceği vahim sonuçları göstermesi bakımından çok dikkat çekicidir.

MUHAMMED REŞİD GÜLEŞER

Baba Adı   : Abdullah
Anne Adı   : Babibe
Doğum Yeri   : Van
Doğum Tarihi   : 1900

Muhammed Reşid Güleşer (VAN)
(http://www.youtube.com/watch?v=MRydrBdplgk)

Ben Ermeni mezalimi sırasında 15-16 yaşlarında Darü'l-Muallimin öğrencisi olan bir gençtim. Bu sebeple olayları gayet iyi hatırlıyorum. Birinci Cihan Harbi öncelerinde nüfusları 17.000 olduğu söylenen Ermenilerle birlikte gayet iyi yaşıyor, komşuluk ediyor, onlara çok iyi muamele ediyorduk.

Ermeni komşular meşrutiyet'in ilânıyla hürriyet, eşitlik ve adalet prensiplerini, kendi lehine istedikleri gibi değerlendirerek şımarmaya başladılar. Van'daki liderleri Aram Paşa adında birisi idi ki, Sultan Hamid'in tahttan indirildiğini kendisine tebliğ eden heyet içerisinde de bulunmuştu. Bunlar Van'da yeraltı teşkilatı kurmuşlardı. Büyük Camii'nin yanı başında bir mahzenden başlayarak, ta kale dibindeki eski şehire kadar uzanan tüneller yapmışlardır. Öyle ki, tünellerden atlı olarak geçilirdi.

Bir gün bir tünelin, üstünün çökmesi ile bir nöbetçi tarafından tesadüfen bulundu. Hatta Ermenilerden birinin ihbarı üzerine, Aram Paşa'yı, Büyük Camii civarında bir mahzende yakaladılar ise de, o günkü politikalar sebebiyle hiçbir şey yapılmadı, salıverildi.

Kısacası Ermeniler çok iyi teşkilatlandırılmıştı. Zaten ticaret hayatını ellerinde tutan Ermeniler iktisadi bakımdan da gayet iyi durumda idiler. Ermeni ve Yahudilere, orduya silahlı olarak katılmak izni verildikten sonra Van fırkası (Tümeni) giderken Ermeni çeteciler orduya kendi silahlarıyla birlikte katılmışlardı. Bizim askerlerimizin elinde ham demirden Alman yapımı iptidai tüfekler vardı, dört mermi attın mı, beşincisi önüne düşerdi. Daha sonra Van'a dönen Hacı Latif Bey ve başkalarından da duyduğumuza göre, Van fırkasında bulunan Ermeniler askerlerimizi arkadan vuruyorlarmış. Hatta Doğu Cephesi'nden gelen ve Van'daki hastanelerde yatmakta olan yaralı Türk askerleri de Ermeni hemşire ve doktorlar tarafından zehirlenerek öldürülüyorlarmış.

Van'daki duruma gelince; Ruslar o tarihlerde Muradiye, Özalp ve Başkale'den olmak üzere üç koldan harekete geçmişlerdi. Şehirde ise Ermeniler isyan etmiş, 29 gündür Müslüman ahaliye karşı harp ediyorlardı. Hatta bizim üç kışlamız vardı (Aziziye, Hacı Bekir, ve Toprakkale). Onar kişiden, yani birer manga asker nöbet tutardı. Bu kışlalara da baskınlar yaparak askerlerimizi koyun gibi boğazladılar, kapı komşumuzun amcası Ali Çavuş da orada şehit oldu..

Bizim zaten oldukça zayıf olan milis güçlerimiz mazgallar kazmak suretiyle savaşmaya çalışırken onlar makinalarla duvarlarda gedikler açıp her tarafı yaylım ateşine tutuyor; gazyağı tenekelerini döküp ateşe veriyor, kendileri yeraltındaki mahzenlere iniyorlardı. 29 gün boyunca bu zalim saldırılar devam etti. Nihayet Müslüman ahalinin daha fazla kırılmaması için hicret emri verildi. Vasıtaları olanlar vasıtalarıyla, olmayanlar perişanlık içerisinde yollara düştük. İnsanlar yollarda çocuklarını bıraktı, açlık ve salgın hastalıktan kırıldı.

Burada şunu hatırlatmak gerekir ki, Ermeniler yalnızca Van'da değil, köylerde de büyük zulümler yapmışlardı. Tımar, Başkale ve, Özalp'ın köylerinden

Müslüman halkın evlerini ot tıkayıp ateşe veriyor, dışarı kaçmak isteyenleri de kurşunla, süngüyle öldürüyorlardı. Zeve'de birkaç köyün halkı Ermeni çetelere karşı birleşerek savaşmış; ancak mağlup olan yedi köyün halkı birkaç kişi dışında, burada toptan yok edilmiştir. Şimdi anıt da dikilmiş olan bu köyde halâ, toplu halde katledilmiş olan insanların cesetleri çıkmaktadır.

Sonra buradan hicret eden insanlar için oniki gemi tahsis edilmişti. (O tarihlerde Van Gölünün kıyısındaki yerleşim yerlerine ulaşım sadece küçük deniz araçları ile yapılıyordu) Bunlardan dört tanesinde Van'da görevli memur ve aileleri vardı. Tabii gemiciler de hep Ermeni'ydiler. Dört gemi dolusu insanı bu gemicilerin yardımıyla adaya çıkaran Ermeni fedailer bu insanların hepsini katlettiler. Diğer sekiz geminin ahalisi de Tatvan yakınındaki bir adadaki Ermeniler tarafından yok edilmek istendi ise de onların silahları bulunduğundan savaşarak az bir kayıpla kurtulmayı başarmışlardır.

Van'dan göç ettiğimizde önce Bitlis'e, oradan Diyarbakır'a gittik. Yol boyunca Ermeni zulmünün izlerini gördük. Nihayet Van'a döndükten sonra, gördüklerimizi, duyduklarımızı anlatacağım. İnsanlara her türlü işkenceyi yapmışlar. Allah rahmet etsin. Yüz küsur yaşlarında İsa Hoca adında bir zat vardı. Eşeğe binip gezdirmişler, Evlere baskınlar yaparak talan etmişler; kadınları kızları toplayarak Ziya Bey'in evine doldurmuşlar, hepsinin namuslarını defalarca kirletmişler. Öldürdükleri insanları kuyulara atmışlar; hatta bizim camiin kuyusunu bile cesetlerle doldurmuşlar.

Cevdet Paşa birinci defa Van'a girdiğinde, kocası harpte olup hayvanı olmadığı için gidememiş ve esir düşmüş kadınlardan 130 kadarını jandarmaya teslim ederek Diyarbakır'a gönderdi. Bunlardan otuz kadarı da bizim evde kalırlardı. Kirman eğirmek suretiyle geçimlerini sağlarlardı. Onlara tayın da verilirdi. Onların anlattıklarına göre Ermeni çeteci tayfasından gördükleri zulüm ve işkencenin haddi hesabı yoktu. Erkeklerin derilerini yüzüp uzuvlarını kesmek; kadınların da namuslarını kirletmek, kazığa oturtmak gibi zulümlere maruz bırakıyorlardı.

Biz Van'a dört sene sonra döndük. Evvela iki sene kaldık. Van'a geri geldik. Ancak Rusların şehre girmesi üzerine yeniden göç etmek zorunda kaldık. Bu defa Siirt'e kadar gittik. Döndüğümüzde 200-250 kadar Ermeni hanesi Çarpanak Adasında tahassun etmişlerdi(Korunmak için bir mevzi içine çekilmek). Türkler nasıl olsa gider, biz yine Van'a yerleşiriz diye umuyorlardı. Bunların çoğu da sanatkârdı, ancak bir süre sonra çıkan kanunla koruma altında, hükümet tarafından Erivan'a gönderildiler.

Ancak yedi defa düşmanın girip çıktığı Van, Ermeni mahalleleri dışında tamamen harap olmuştu. Biz Van'ı yeniden imar ettik."

İBRAHİM SARGIN

Baba Adı   : Halil
Doğum Yeri   : Van-Zeve
Doğum Tarihi : 1903

Padişahlar bu Ermenilerin ne kadar melun ve hain olduklarını çok iyi bilirlerdi. Bunlara fırsat vermeye gelmezdi. Bunlar fırsatı bulur bulmaz hemen komite teşkilatları yaptılar. Komiteleri tamamen kurduktan sonra, "Fransa ve İngiltere'den para, Rusya'dan silah isteyelim" dediler. "Biz de burada silahlanalım. Biz içeriden vuralım Ruslar'da dışarıdan Osmanlı'yı vursunlar" diyerek kendi aralarında anlaştılar.

Ruslar ne yaptı? Soba boruları veya 4-5 milim kalınlığında soba saçlarından depolar yaptılar ve bu depoların içine silah ve cephane ile, üstüne gazyağı koyarak develerle Ermenilere silah gönderdiler. Sonra Rusya'dan Aram Paşa isimli bir komiteci getirdiler. Bu bir Rus Ermenisi idi. Bir de Muş tarafına Antranik Paşa isimli birini getirdiler. Birde Erçek nahiyesi Karagündüz köyünde Şahin takma adlı bir Ermeni komite reisi vardı. Bunlar bu yörede komite teşkilatı kurar, oradan da Türk hududuna gelir, huduttan içeri girer Türk köylerini vurup Türkleri öldürüp geri kaçarlardı.

İbrahim Sargın / VAN-Zeve
(http://www.youtube.com/watch?v=ZKoZGeW6Y7k)

Rusya Osmanlı Devleti'ne ilan-ı harp ettikten sonra Ermeni askerler de bizimkiler ile beraber cepheye gittiler. İki taraf muharebeye başladı. Muharebe başladıktan sonra, bizim askerlerimiz bakıyorlar ki hep arkadan vuruluyorlar. Bir de anlıyorlar ki, Ermeni askerler fırsat buldu mu bizim askerleri vuruyorlarmış. Bu durumda belki binlerce askerimizi şehit etmişler.

Bu hainlerin bir kısmı tutuldu bir kısmı ise Rus ordusuna kaçtılar. Bu savaş ikibuçuk yıl devam etti. Bizim askerimiz çok kötü durumlara düştüler. Ermeniler, Şimdi Aram Paşa Hükümeti kuruldu. Van'da bütün yaralılar, hastanedekiler, kadınlar ve çocukların hepsi öldürüldü.. Camileri yakılıp kışlaları da yıkıldı. Van'da kalmış olan Müslümanların hepsini kestik. Zaten yalnız 20-30 kadın kalmıştı. Onları da Aram Paşa'ya teslim ettik." Dediler.

Ermenilerden kaçan kafile böylece bizim köye (ZEVE'ye) geldiler. 2000 kişiden fazla insan var. Evlere, samanlıklara, çadırlara yerleştik. 2000'den fazla onlar, 500 kişi kadar bizim köyde insan bu şekilde kaldık. Birde ordumuz bozulunca bizim köylü askerlerde silahlarıyla beraber köye geldiler. Ama ne şekilde? Saç, sakal birbirine karışmış, elbiseleri paramparça, üzerleri bit dolu, her biri koyun üzerinde, keneler var ya, onun kadar olmuşlar. Bunlar da yerleştiler. Bunlar o kadar zayıftılar ki, bir deri, bir kemik kalmışlardı.

Köyü üç taraftan Ermeniler kuşatıp saldırıya geçtiler. Bizimkilerin daha sonra mermileri bitmeye başladı. Bunu fırsat bilen Ermeniler mevzilerdeki Türkleri şehit ederek köye girdiler. Bir insan deryası o yana bu yana kaçışmaya başladı. Köy yanıyordu. O küçük çocukları havaya atıyorlar, altına süngü tutuyorlar. Süngü çocukların karnına batıyor. Çocuklar cıyaklayarak kuş yavrusu gibi yerlere düşüyordu. O kadınların bir kısmı, gelinlerin bir kısmı, kendilerini suya attılar. Bir kısmı ateşe verdikleri ot toylarının içine attılar. Bir kısım kadınlarımızı ve çocuklarımızı samanlara ateş atıp yaktılar. Sonra bu masum kişileri bunun içine atıp hepsini yaktılar. Diğerlerini ise koyun boğazlar gibi kestiler. Hiçbir canlı bırakmamak üzere karanlık düşene kadar bu şekilde kestiler. Seyyat Onbaşı'yı diri diri tuttular, yatırdılar, soydular, çıplak bir vaziyette omzundan yardılar, derisini yüzdüler, sonra dediler ki "Sultan Reşat terfi vermiş, omzuna madalya takmışlar". Kollarını böyle burada kestiler. Yanlarına, derisini yüzüp cep yaptılar.

Yine amcam kızı bir durumu bize naklederken; "Bir kadın ekmek yapıyor. Bu sırada yanıma gelen Ermeniler 'Sen ne yapıyorsun?' dediklerinde 'Vallaha gördüğünüz gibi ekmek yapıyorum' Ermeniler 'Sana kebap lazım değil mi?', deyip, süngüyü küçük çocuğa vurduğu gibi tandırın içine yuvarlıyor. Tandırın içinde cayır cayır yanmaya başlıyor. Kadının gözleri önünde çocuğunu diri diri yakıyorlar." diye anlattı..

... Ermeniler her gün bir köyü basıyorlardı. Çok kimse ya İran tarafına, Mardin tarafına, ya Diyarbakır'a göç edip canını kurtarmaya çalıştı.

...Biz o sırada Bardakçı köyünde idik. Oradan Van'daki yangını gördük. Camiler, binalar ve kışlalar ateşe verilmişti. Kalede olan topların bir kısmını burayı ele geçirdikten sonra aşağı attılar. Kalenin başında bulunan cami de yandı, yıkıldı. Hamitağa kışlası vardı. Bu kışlayı da yaktılar. Buradaki Müslümanların hepsini kesip tek canlı bırakmadılar. Geriye bir miktar kadın kalmış.

Rus Hükûmeti kurulduktan sonra kadınlarımız Ermenileri Ruslara şikâyet ettiler. Bunun üzerine Ruslar bunların başına nöbetçiler bıraktı. Rus askerleri kadınlarımızın namusuna dokunmadı. Ancak Ermeniler kadınlarımızın, kızlarımızın namuslarını kirlettikleri gibi çocuk, yaşlı hepsini katlettiler. Rus ordusunda Kırım ve Kafkas Türklerinden asker ve subaylar vardı. Onlar da Müslüman olduklarından bizim kadınlarımızı korudular. Hatta köylerine bile gönderdiler.

...Ruslar geri çekilirken Ermenilere kendileriyle gitmelerini istediklerinde "Yok, siz bize silahlarınızı, cephanenizi, topunuzu, malzemenizi bırakın siz gidin. Biz Osmanlı Hükümeti ile harp ederiz" dediler. Ruslar bunun üzerine ağırlıklarını Ermenilere bırakıp çekilip gittiler. Ondan sonra Ermeniler daha insafsız oldular. Katliama devam ettiler.

.. Zeve'de benden başka altı kadın kurtuldu. Çoluk çocuk hiç kimse kalmadı. Bu da babamın daha önce yaptığı bir iyilikten dolayı olmuştu.

24 NİSAN 1915 TEHCİR (YER DEĞİŞTİRME) OLAYI NEDİR? GERÇEKTEN SOYKIRIM AMACIYLA MI YAPILMIŞTIR?

Arapça asıllı bir kelime olan TEHCİR, "Bir yerden başka bir yere göç ettirmek, yer değiştirip hicret ettirmek anlamında kullanılmaktadır.

Savaş zamanı Ermeni isyan ve katliamlarına önlem almak amacıyla Talat Paşa Hükümetinin başlattığı ve Osmanlı Mebusan Meclisinin uygun gördüğü Tehcir/ Yer değiştirme faaliyeti her yerde değil, doğrudan doğruya cephe güvenliğini tehlikeye atan iki yerde uygulanmıştır.

YER DEĞİŞTİRME/TEHCİR FAALİYETİ

Bunlardan birincisi, Kafkaslar ve İran cephesinin gerisindeki Erzurum, Ağrı, Van, Bitlis dolaylarıdır. Diğeri ise, Arap yarımadasında Sina cephesi gerisi, yani Mersin-İskenderun bölgeleridir.

Dış destek ve yönlendirmeli Ermeni komitelerinin baskı ve tahrikleri ile Osmanlı Ermenileri, her iki bölgede de düşmanla işbirliği yapmışlardır. Ayrıca ordunun ileri harekatını engelleyip düşmanın hareketini kolaylaştıracak ciddi faaliyetlerde bulunmuşlardır. Başlangıçta Tehcir uygulaması sadece bu iki bölgeyi kapsamıştır. Bilahare düşmanla işbirliği yapan, Ermeni komitacılarına yataklık yaparak devlete karşı isyan eden diğer vilâyetlerdeki Ermenileri de kapsayacak şekilde tehcir genişletilmiştir.

Tehcir Kararı bütün Ermenilere uygulanmamıştır. Katolik ve Protestan olan Ermenilerin yanı sıra, Osmanlı ordusundaki subaylar ve sıhhiye sınıflarında hizmet gören Ermeniler ile Osmanlı Bankası şubelerinde görev alan ve konsolosluklarda çalışan bazı Ermeniler devlete sadık kaldıkları sürece göçe tabi tutulmamışlardır.

TEHCİR / YER DEĞİŞTİRME KOLU

Ayrıca, hasta, özürlü, sakat ve yaşlılar ile yetim çocuklar ve dul kadınlar sevke tabi olmamış, yetimhaneler ve köylerde koruma altına alınarak ihtiyaçları devletçe 'Göçmen Ödeneği' üzerinden karşılanmıştır. Daha sonra bunlar arasından da zararlı faaliyetleri tesbit edilen bazı aileler de göçe tabi tutulmuşlardır.

İngiliz ile Fransızların destek ve yönlendirmesiyle Ermeniler, birtakım sahte ve uydurma belgelerin arkasına gizlenerek, dünya kamuoyunu Ermeni tehcirinin soykırım amacıyla yapıldığı şeklinde kandırmayı başarmışlardır. Üç yüz binden, üç milyona kadar değişen rakamlarla ifade edilen Ermeni katliamının hiçbir resmi ve geçerli dayanağı yoktur. Bunu özellikle vurgulamaktan asla çekinmiyorum.

Çünkü Osmanlı başkentini üç yıldan fazla işgal altında bulunduran İngiliz ve Fransızlar, Osmanlı arşivini didik didik etmelerine rağmen Ermenilere soykırım yapıldığını ispat edecek hiçbir belgeye rastlamamışlardır.

Eğer Osmanlı Devleti, Ermenileri soykırıma tabi tutmak isteseydi. Onların yerlerini değiştirmek zahmetine katlanmadan bulundukları bölgelerde kolaylıkla soykırıma tabi tutardı. Böylece kafile güvenliği, iaşe ve ibadesi işleri için, savaş zamanı gücünü muhafaza edebilmesi için çok ihtiyaç duyduğu maddi fedakârlıklara ihtiyaç kalmazdı.

Burada soykırım değil, tam tersi bir ırkı ve milleti soykırımdan koruma gayretleri vardır. Devlet, bir yandan savaş için cephe gerisinde güvenliği sağlarken asıl amacı kendi teb'ası olan Ermeni vatandaşlarının can ve mal güvenliğini sağlamaktı.

Nitekim 1915 Mayısında başlayıp 1916 Ekim ayına kadar devam eden göç ettirme ve yeniden yerleştirme sırasında, Osmanlı Hükümeti tüm imkânsızlıklara rağmen aldığı olağanüstü tedbirlerle, çok zor savaş şartları altında tehcire tabi tutulan Ermenilerin can ve mal güvenliğini sağlamak için âdeta yeni bir cephe açmış gibi çok ağır idarî, askerî ve malî yükler altına girmiştir.

Aklıselim sahibi gerçek tarih bilimciler Osmanlı aydınlarının devlete olan bağlılıklarından dolayı Millet-i Sadıka olarak nitelendirdiği bir halka karşı, birdenbire tavır değiştirmesini gerektirecek mantıki hiç bir sebep bulamamışlardır.

Bu olayda Osmanlı Devleti'nin o zamana kadar uygulamış olduğu geleneksel politikalarından hiç sapma yoktur. Sapma Rusya başta olmak üzere sömürgeci batının hayâli bağımsızlık vaatlerine kanan Ermenilerdedir.

Uygulanan Tehcir olayı kesinlikle soykırım amacı gütmemiştir. Aksine Osmanlı Devleti'nin savaş şartları altında kendi halkının güvenliğini sağlamak için gerek gördüğü çok başarılı bir sevk ve yeniden iskân hareketidir. Osmanlı Tehcir Harekâtı, benzeri durumlarla karşılaşacak ülkeler için örnek kabul edilecek yer değiştirme faaliyeti olmasına rağmen şartlandırılmış muzur beyinler tarafından tamamen saptırılmış ve soykırım olarak nitelendirilmiştir. Aslında bu davranış bu şekli ile tarihe ve tarihçilere hakaret niteliği taşımaktadır.

Rusların ve İngilizlerin kışkırtmaları sonucunda meydana gelen isyanlar ve katliamlar sonucu Osmanlı hükümeti, Ermeni Patriğini, Ermeni milletvekilleri ve Ermeni cemaatinin ileri gelenlerini toplamış ve onlara; Ermeni toplumunu derhal uyarmalarını, İmparatorluk dâhilindeki Müslümanlara yönelik saldırılarına devam ettikleri takdirde zecri tedbirler almak zorunda kalacağını bildirmiştir. Fakat bu uyarı asla sonuç vermemiştir.

Saldırı olayları artınca ordunun cephe gerisinin acil emniyete alınması ihtiyacı ortaya çıkmıştır. Ve bunun sonucunda bugün "Ermeni soykırım günü" olarak dünyaya kabul ettirilmeye çalışılan 24 Nisan 1915 tarihinde bütün Ermeni Komiteleri kapatılmıştır. Bu komitelerde yönetici olarak görev almış 2345 kişi 'Devlet aleyhine faaliyette bulunmak' suçundan tutuklanmıştır.

Eçmiyazin Kilisesi (XIX. yüzyıl sonları)   **V.Kevork**

İşte bu tutuklamaların yankısı çok büyük olmuştur. Eçmiyazin Kilisesi (Erivan'ın batısında) Başpiskoposu olan Kevork Efendi kendilerine hami olarak gördükleri ABD'nin Cumhurbaşkanı'na çektiği şu telgrafla resmen yardım talep etmiştir;

"Sayın Başkan, Türkiye Ermenistanı'ndan aldığımız son haberlere göre, orada katliam başlamış ve organize

bir tedhiş Ermeni halkının mevcudiyetini tehlikeye sokmuştur. Bu nazik anda Ekselanslarının ve büyük Amerikan milletinin asil hislerine hitap ediyor, insaniyet ve Hıristiyanlık inancı adına, büyük Cumhuriyetinizin diplomatik temsilcilikleri vasıtasıyla derhal müdahale ederek, Türk fanatizminin şiddetine terkedilmiş Türkiye'deki halkımın korunmasını rica ediyorum."

Rusya'nın Washington Büyükelçisi'de bu mektubu fırsat bilerek ABD makamları nezdinde Ermenilerin sözcülüğünü üstlenmiştir. Bu temaslar sadece ABD ile sınırlı kalmamıştır. Sömürgeci bazı Avrupa ülkeleri nezdinde de girişimlerde bulunarak tutuklamaları katliam gibi gösterme çabaları yaygınlaşarak devam etmiştir.

Diaspora Ermenileri tarafından 'Ermeni soykırımı yıldönümü' diyerek her yıl anma yaptıkları 24 Nisan günü aslında devlet aleyhine faaliyette bulunan ve masum halkı katleden 2345 çeteci Ermeni'nin yargılanmak üzere tutuklandıkları tarihtir.

Aslında bu tarihin, sözde soykırım şöyle dursun, soykırım iddialarına temel oluşturduğu iddia edilen "Tehcir" uygulamasıyla dahi hiçbir ilgisi yoktur.

24 NİSAN SÖZDE ERMENİ SOYKIRIMI LOGOSU

Tehcir uygulaması esnasında Ermenilerin iddia ettiği gibi 1.5 milyon Ermeni yurttaşımız ölmemiştir. Osmanlı Devleti'nin resmi kaynakları ve istatistikler 1915 yılında Osmanlı topraklarının bütününde yaşayan Ermeni toplumunun nüfusunun 1.250.000 civarında olduğunu göstermektedir. Devlet kayıtlarında ne kadar Ermeni'nin yer değiştirme uygulaması çerçevesinde bulundukları yerden çıkarıldığı ve ne kadarının sağ salim yeni yerleşim bölgelerine ulaştığı da belgeleriyle bulunmaktadır.

1914 yılı nüfus sayımına göre, Osmanlı Devleti teb'ası olan Ermenilerin nüfusu 1.221.850 kişidir. Yer değiştirmeye tabi tutulmayan nüfusun toplamı 167.778 kişidir. 9 Haziran 1915'te başlayarak 8 Şubat 1916'de sonuçlanan yer değiştirme uygulaması ile 391.040 kişi yeniden iskan edilecekleri bölgelere sevk edilmiştir. Bunlardan 356.084 kişi yerleşim bölgelerine ulaşmıştır.

Buna göre, Ermenilerin yer değiştirme uygulaması sırasında verdiği kayıpların toplamı 35.000 kişi kadardır. Yer değiştirme uygulamasına tabi olan nüfus içerisinde yer alan ve tehcir esnasında Halep bölgesinde yaşayan 26.064 Ermeni vatandaşımız 35.000'den çıkarıldığında geriye 10 bin kişilik kayıp kalmaktadır.

Yani Ermenilerin tehcir (yer değiştirme) sırasında verdikleri toplam kayıp en fazla 10 bin kişiden ibarettir. Bunlar da, iddia edildiği gibi devlet güvenlik güçleri tarafından plânlı soykırıma tabi tutulmamışlarıdr. Bu büyük zaiyat savaş şartlarının ortaya çıkardığı asayişsizlik sebebiyle eşkiya gruplarının saldırıları sonucu hayatlarını kaybetmişlerdir.

Osmanlı Devleti; yer değiştirme uygulaması ile savaş şartları altında her an ölüm tehlikesi ile burun buruna gelebilecek olan yüz binlerce Ermeni yurttaşının hayatını kurtarmıştır. Nitekim yeni bölgelere yerleştirilen Ermeni yurttaşlar sağ ve salim olarak yaşamlarına devam ederken, Rus ordusu saflarında Türklere karşı savaşan Ermenilerin pek çoğu savaş esnasında ölmüşlerdir.

Tehcir uygulaması saklı-gizli değildir. Ülkedeki yabancı diplomatların gözleri önünde ceryan etmiştir. Osmanlı Devleti'nin yer değiştirme uygulamasına tabi tuttuğu Ermenilerin nakli sırasında, ağır savaş şartlarına rağmen olağanüstü gayret gösterdiği yabancı diplomat raporlarında açık bir şekilde ifade edilmektedir.

Tehcirin güvenli uygulanması için alınan fiziki güvenlik tedbirleri yanında yüksek meblağlara ulaşan harcamalar da yapılmıştır. Yer değiştirmeye tabi tutulan göçmenlerin; sevk, yerleştirme ve geçimlerinin sağlanması için 1915 yılında 25 milyon, 1916 yılı sonuna kadar ise 230 milyon kuruş harcandığı resmi belgelerde mevcuttur.

Özetle; Tehcir kararı Osmanlı toprakları üzerinde bağımsız devlet kurma fikri ile savaş içindeki ordsunu arkadan vuran Ermenilerin devlete verdikleri zararı önlemek gayesiyle zorunlu olarak alınmıştır.

Özellikle Rusya başta olmak üzere İtilaf Devletleri ajanlarının Osmanlı Ermenilerini nasıl kandırdıkları ve kışkırttıkları tüm belgeleriyle sabittir. (1)

Dışarının desteğini alarak Osmanlı Devletine karşı yapacakları savaş sonucunda ele geçirdikleri yerlerin kendilerine verileceği ve bağımsızlıklarının da tanınacağı gibi boş ve imkansız vaatlere kanan Ermeniler, birçok ihtilâl cemiyeti kurmuşlardır. (2)

Ermeniler, Tehcir/Yer değiştirme öncesi başlayan tedhiş faaliyetlerini, göç sırasında da sürdürmüşlerdir. Gerek sınır bölgelerinde, gerek iç bölgelerde düşmanla işbirliği yapmışlar; Müslüman halka karşı katliamlara devam etmişlerdir.(3)

Ermeni çetelerinin Müslüman halka yönelik olarak

----

(1) Şifre Kalemi, Nr. 45/115 (23 Eylül 1916 tarihli telgrafla, Van, Bitlis, Mamuretülaziz(Elazığ), Adana, Diyarbekir ve Sivas eyâletlerine bu hususta bildiri göndermiştir.

(2) DH. EUM. 2. Şube, Dosya 1, Belge 45/2 (Bakınız Belge 670)

(3) Şifre Kalemi., Nr. 61/50 ; Nr. 62/24; Nr. 63/175; Nr. 64/92; Nr. 64/163; Nr. 64/194; Nr. 66/51; Nr. 46/56; Nr. 66/192; BA, BEO, Nr. 343464 (Bakınız Belge 784)

yaptıkları mezalimi anlatan belgeleri bir kitapta toplamaya karar veren Osmanlı Hükümeti, tüm illere yazılar yazmış ve sorumluluk sahalarında sözde Ermeni katliamlarını anlatan belge ve fotoğrafların gönderilmesini istemiştir.(4)

İllerden gönderilen belge ve fotoğrafların ışığında "ERMENİ Komitelerinin Faaliyetleri ve İhtilal Hareketleri (Meşrutiyet İlanından önce ve sonra)" isimli dokümanter bir kitap yayınlanarak tüm yabancı ülke temsilciliklerine yazı ile gönderilmiştir.(5).

Osmanlı hükümeti, yer değiştirme (Sevk ve İskan) uygulamasını o günün şartlarına göre çok iyi hazırlanmış bir kanuna dayandırmıştır.(6) Bu keyfi bir uygulama değildir. Dört maddelik kanun, "Savaş halinde devlet yönetimine karşı gelenler için askeri birliklerce alınacak tedbirleri" içermektedir. Kanunun çıkış süreci şöyledir;

İçişleri Bakanlığı isyan eden asi Ermenilere karşı tutuklama gibi bazı önlemleri alırken, 24 Mayıs 1915'te ortak bir bildiri yayınlayan Rusya, Fransa ve İngiltere hükümetleri; bir ay öncesinden "Ermenistan" olarak adlandırdıkları Doğu ve Güneydoğu Anadolu bölgesinde Ermenilerin öldürüldüğünü ileri sürmüşler ve çıkan olaylardan Osmanlı hükümetini sorumlu tutacaklarını resmen açıklamışlardır.

Konunun bu şekilde uluslararası boyut kazanması üzerine Sadrazam (Başbakan) Tâlat Paşa (TEHCİR) yer değiştirme uygulaması hakkında hazırladığı yazıyı 26 Mayıs 1915 günü Başbakanlığa göndermiştir.

Yazıda, Ermenilerin isyan ve katliamlarına dikkat çekildikten sonra, savaş bölgelerindeki Ermenilerin başka

----

(4) Şifre Kalemi., Nr. 62/57; Nr. 62/58; Nr. 63/241

(5) İstanbul 1916. Aynı eser Fransızca olarak 1917'de yine İstanbul'da yayınlandı. İsmet Parmaksızoğlu tarafından "Ermeni Komitelerinin İhtilâl Hareketleri ve Besledikleri Emeller" adıyla sadeleştirilerek yayınlandı (Ankara 1981).

(6) www.ermenisorunu.gen.tr

bölgelere nakline karar verildiği anlatılmıştır. Bu durum Başbakanlık'ça Meclisi Mebusan'ın (Millet Meclisi) gündemine getirilmiştir.

Başkomutan Enver Paşa   Sadrazam Talat Paşa

Başbakanlık, devletin güvenliği için başlatılan yer değiştirme uygulamasının yerinde olduğunu belirtilerek, bunun usul ve kurala bağlanmasının zorunluluğunu dile getirmiştir. Meclis, aynı tarihte uygulamayı kabul eden bir karar almıştır. Böylece 27 Mayıs 1915'te Meclis'ten çıkan Yer Değiştirme Kanunu, 01.06.1915'de Resmi Gazete Takvim-i Vekâyi'de yayımlanıp yürürlüğe girmiştir.

01 Ocak 1915'te yürürlüğe sokulan dört maddelik 27 Mayıs 1915 Tarihli Tehcir Kanunu şu şekildedir;

1. Maddesinde; Devlet güçlerine ve kurulu düzene karşı muhalefet, silahla tecavüz ve mukavemet görülürse şiddetle karşı konulması ve imha edilmesi,

2. Maddesinde; Silahlı güçlere yönelik casusluk ve ihanetleri tespit edilen köy ve kasabaların başka bölgelere yerleştirilmesi,

3. Maddesinde; Kanunun yürürlüğe giriş tarihi,

4. Maddesinde; Kanunun uygulamasından sorumlu olanlar belirtilmektedir.

81

Görüldüğü üzere kanun; tamamen devleti ve kamu düzenini korumaya yönelik, şiddete karşı hazırlanmış bir yetki kanunudur. Kanun metninde herhangi bir etnik grup, zümrenin ismi dahi belirtilmemiştir. Sadece Ermeniler değil, bu kanun kapsamına giren Müslüman, Rum ve Ermeni asıllı Osmanlı vatandaşlarının tamamı yerlerinden alınarak ülkenin daha güvenli bölgelerine sevk edilerek göçe tabi tutulmuştur.

Başbakanlık tarafından 30.5.1915 tarihinde İçişleri, Harbiye ve Maliye Nezaretlerine gönderilen bir yazıda, göçün nasıl uygulanacağı ayrıntılı şekilde anlatılmış ve şunlar dile getirilmiştir (Osmanlı Devlet Arşivinde yer alan bu belgedeki bilgiler daha anlaşılır olması açısından sadeleştirilmiş ve özet hale getirilerek sunulmuştur.);

- *Göç ettirilenler, kendilerine tahsis edilen bölgelere can ve mal emniyetleri sağlanacak şekilde nakledilecektir.*

- *Göçmenler, yeni evlerine yerleşene kadar bütün iaşeleri Göçmen Ödeneği'nden karşılanacaktır,*

- *Göçmenler, eski malî durumları dikkate alınarak kendilerine emlâk ve arazi verilecektir,*

- *Göçmenlerden muhtaç olanlar için hükümet tarafından konut inşa edilecektir. Ayrıca, çiftçi ve ziraat erbabına tohumluk, alet ve edevat temin edilecektir,*

- *Göçmenlerin geride bıraktıkları taşınır malları, kendilerine ulaştırılacak; taşınmaz malları tespit edilecek ve kıymetleri belirlendikten sonra, paraları kendilerine ödenecektir;*

- *Göçmenlerin ihtisasları dışında kalan zeytinlik, dutluk, bağ ve portakallıklarla, dükkân, han, fabrika ve depo gibi gelir getiren yerleri açık arttırma ile satılacak veya kiraya verilecek ve bedelleri sahiplerine ödenmek üzere mal sandıklarınca emanete kaydedilecektir,*

- *Bütün bu konular özel komisyonlarca yürütülecek ve bu hususta ayrıntılı bir talimatname hazırlanacaktır.*

Bu emirde belirtilen tüm hususlara büyük bir titizlikle riayet edildiği belgeleri ile sabit olmasına rağmen TEHCİR/Sevk ve İskan olayının günümüze kadar "Ermeni Soykırımı" olarak taşınmış olması Türkiye ve Türklük karşıtı cephenin dünyaya yayılmış gücünü göstermektedir.

Aslında bütün bu belgeler mütareke döneminde İngiliz İşgal yönetimi güçlerince tek tek elden geçirilmiş, acaba bu emirleri verenlerle bu emirleri uygulayanları mahkum edebilir miyiz? sorusuna cevap olarak Malta'da İşgal güçlerinin kontrolunda bir mahkeme kurulmuştur.

O zaman suçlu oldukları değerlendirilen Osmanlı Devlet ricali yargılanmak üzere Malta'ya sevk edilmiştir. Fakat o günün işgal güçleri mahkemesi dahi Tehcir'de bir suç unsuru bulamadığı için Maltaya götürdüğü kişileri cezalandırmaya gerek görmeden mahkemeyi bitirmiştir.

Osmanlı Hükümeti görülen idarî ve askerî ihtiyaç üzerine 15 Mart 1916'dan itibaren vilâyet ve sancaklara gönderdiği genel emirle Ermeni göçünün durdurulduğunu ve bundan böyle hiçbir gerekçeyle tehcir yapılmayacağını bildirilmiştir. (7)

Tehcir/Yer değiştirmenin tamamlanmasından sonra, Ermenilerin çoğunlukla Suriye vilâyetine yerleştirilmeleri sebebiyle, İstanbul'daki Ermeni Patrikhanesi 10 Ağustos 1916 tarihinde kapatılıp Kudüs'e nakledilmiştir.(8)

Birinci Dünya Savaşı'nı takiben Osmanlı hükümeti yer değiştirmeye tabi tutulan Ermeni yurttaşlardan isteyen kişilerin tekrar eski yerlerine iade edilmeleri için bir kararname çıkarmıştır.

4 Ocak 1919'da İçişleri Bakanı Mustafa Paşa'nın Başbakanlığa gönderdiği bir yazıda, Ermenilerden geri dönmek isteyenlerin aynen eski yerlerine nakledilmeleri hususunda ilgili makamlara emir verildiği ve gereken bütün önlemlerin alındığı belirtilmektedir. (9)

Osmanlı Hükümetinin hazırladığı 31 Aralık 1918 tarihli "Dönüş Kararnamesi" ana hatları ile şu hususları ihtiva etmektedir;

- *Sadece geri dönmek arzusunda bulunanlar göç ettirilecek, bunun dışında kimseye dokunulmayacaktır.*

- *Yerlerine iade edilecek olanların, yollarda perişan olmamaları ve dönüş mahallerinde konut ve geçim sıkıntısı çekmelerinin önlenmesi için mahalli yöneticiler tarafından gerekli önlemler alınacaktır.*

- *Göçmenlerin gidecekleri bölge idarecileriyle irtibat kurulup bu konudaki önlemler sağlandıktan sonra göç ve geri dönüş işlemlerine başlanacaktır.*

- *Yukarıdaki şartlar dâhilinde dönecek olanlara ev ve arazileri teslim edilecektir.*

- *Yerlerine daha önce göçmen yerleştirilmiş olanların evleri tahliye edilecektir.*

- *Açıkta kimse kalmaması esastır. Bunun için geçici olarak birkaç aile birarada yerleştirilebilecektir.*

- *Kilise ve okul gibi binalar ile gelir getiren yerler, ait olduğu cemaate geri verilecektir.*

- *Yetim çocuklar, istenildiği takdirde kimlikleri dikkatlice belirlenerek velilerine veya cemaatlerine iade olunacaktır.*

- *Din değiştirmiş olanlar arzu ederlerse eski dinlerine dönebilecekler. Din değiştirmiş olan Ermeni kadınlardan, bir Müslümanla evli bulunanlar eski dinlerine dönme konusunda serbest bırakılacaklardır. Eski dinlerine döndükleri takdirde kocasıyla aralarındaki nikâh bağı kendiliğinden bozulmuş olacaktır.*

Eski dinine dönmek istemeyen ve kocasından ayrılmaya razı olmayanlara ait sorunlar ise mahalli mahkemelerce halledilecektir.

- *Ermeni mallarından, henüz kimsenin kullanımında bulunmayanlar, kendilerine teslim edilecek; hazineye devredilenlerin iadesi de mal memurlarının onayı ile karara bağlanacaktır. Bu konuda ayrıca açıklayıcı tutanaklar hazırlanacaktır.*

- *Göçmenlere satılan mülklerin sahipleri döndükçe, peyderpey bunlara teslim edilecektir.*

- *Göçmenler, ellerinde bulunan ve eski sahiplerine iade edilecek olan ev ve dükkânlarda tamirat ve ilâveler yapmışlarsa ve arazi ve zeytinliklerde ekim yapmışlar ise, her iki tarafın da hukuku gözetilecektir.*

- *Ermenilerden muhtaç olanların dönüşlerinde göç ve geçim masrafları, Harbiye Ödeneği'nden karşılanacak, şimdiye kadar ne miktar sevkiyat yapıldığı ve bundan sonra her ayın on beşinci ve son günlerinde nerelere ne kadar sevkiyat olduğu bildirilecektir.*

- *Osmanlı sınırları dışına çıkıp da geri dönmek isteyen Ermeniler, yeni bir emre kadar kabul edilmeyecektir.*

- *Yukarıda açıklanan kararnamedeki bütün hükümler, Ermeni göçmenlerin yanı sıra Rum göçmenler için de geçerli olacaktır..*

Ana hatları ile açıklanan maddeler olumsuz savaş şartlarına rağmen titizlikle uygulanmaya çalışılmıştır. Bu kesin kararları alabilen ve uygulama için çaba harcayan bir ülkenin soykırım ile suçlanması ve bunun günümüze kadar taşınabilmiş olması küresel psikolojik harekâtın önemli bir başarısı olarak görülmelidir.

Buna karşı mücadele de güncel ve geçici olarak değil, uzun vadeli plân ve programla yürütümelidir.

----

(7) Şifre Kalemi, No: 62/21.

(8) Ermeni Patrikhanesi için 1916'da yapılan yeni nizamname hakkında bakınız Y. Hikmet Bayur, Türk İnkılâbı Tarihi, III/3, ss. 57-59.

(9) Prof.Dr. Albert Wohlstetter ve Nancy Vırts, (Avrupa-Amerika Güvenlik Araştırmaları Enstitüsü, California, ABD), Uluslararası Terörizm ve Uyuşturucu Madde Kaçakçılığı Sempozyumu, Ankara Üniversitesi Rektörlüğü Yayını No:88, Ankara 1984, ss:253-273

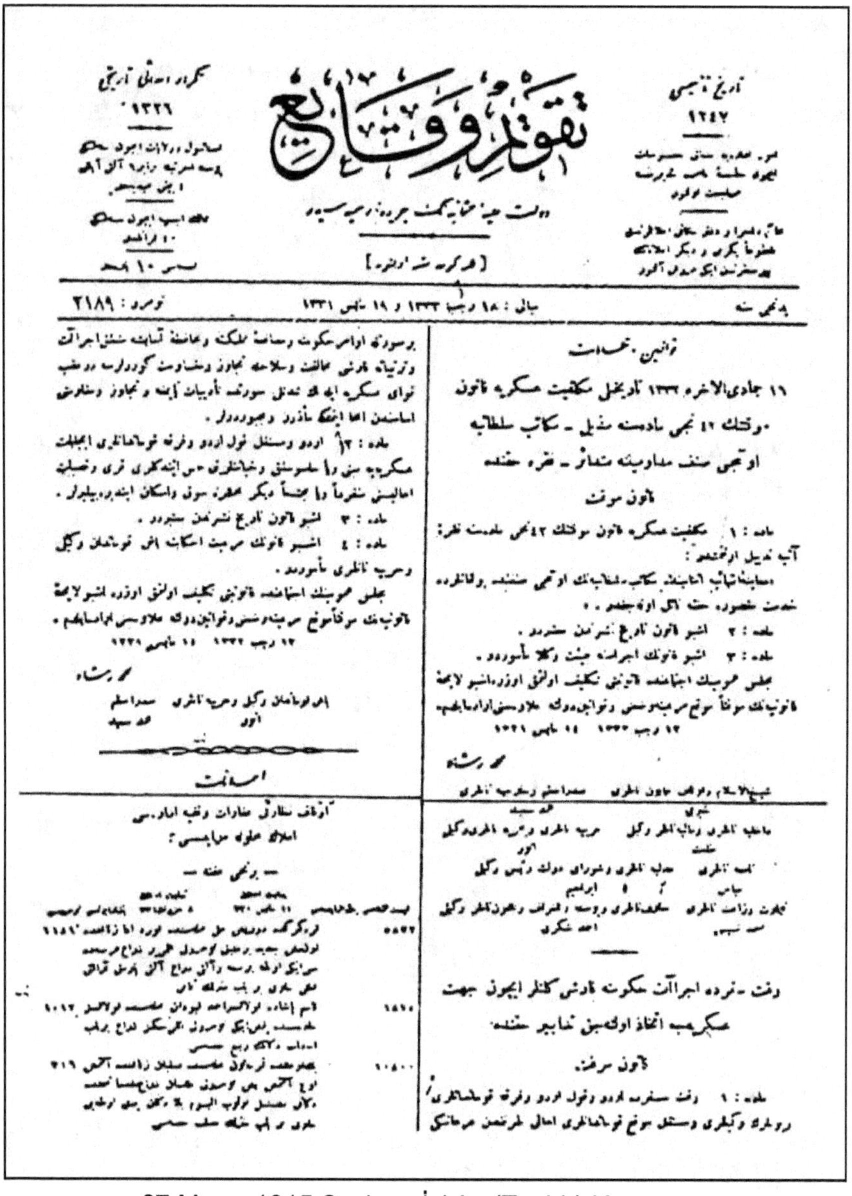
تقويم وقايع

دولت علیهٔ عثمانیه‌نک جریدهٔ رسمیه‌سیدر

قانون موقت

27 Mayıs 1915 Sevk ve İskân (Techir) Kanunu

ULUSLARARASI TERÖRİZM İÇİNDE ERMENİ TERÖRÜNÜN YERİ VE ÖZELLİĞİ

Ermeniler dünya kamuoyunda kendilerini terör ile duyurmuşlardır. Geçen asrın başlarında ve 1973'ten sonra Türk temsilciliklerine karşı saldırıları bunun göstergesidir. Ermeni terör faaliyetlerinin hedefi daima Türklerdir.

Ermeni terör eylemlerinin ortak hedefi doğrudan doğruya Türkiye'nin toprak bütünlüğüne yönelik olup elde edilecek toprakları Büyük Ermenistan'a katmaktır.

Ermeni terörünün en ilginç yönü; Birinci Dünya Savaşı'nda, yani 60 yıl önce olmuş bir felaketin intikamını almak için 1970'lerde birdenbire ortaya çıkmasıdır.

Osmanlı İmparatorluğu'nun çöküş zamanlarında olduğu iddia edilen bir katliam için Türkiye Cumhuriyeti ve özellikle dışarıda görev yapan diplomat ailelerine yönelen vahşi saldırıların mantıki bir açıklaması olamaz.

II. Dünya Savaşı sırasında babaları Japon işgalcileri tarafından kesilen Filipinlilerden hiçbiri bugünün Japon devletinin temsilcilerine saldırmamıştır. Hiç bir İsrailli veya Yahudi terör grubu Almanya tarafından resmen kabul edilen çok daha yakın zamanda oluşmuş gerçek bir soykırım yüzünden Almanya'nın diplomatlarına saldırılar yöneltmemiştir.

Birdenbire ortaya çıkmasının yanısıra Ermeni terörünün ikinci ilginç yanı da olağanüstü örgütlülüğü ve uluslararası boyutlarıdır. Dünyanın her köşesinde çok kısa aralıklarla eşzamanlı saldırılar düzenleyebilen bir örgüt çok dikkate şayandır. Bu çok iyi desteklendiğini gösterir.

İsviçre'de bir otelde bir bomba kazaen patlayıncaya kadar Ermenistan'ın Kurtuluşu için Ermeni Kurtuluş Ordusu'nun (ASALA) hiçbir elemanının kimliği tesbit edilememiştir.

Aniden ortaya çıkmasına rağmen Ermeni terörizmi birdenbire oluşmuş amatörce bir uğraş değildir. Küresel güçler ve kuruluşlarca, profesyonel şekilde desteklendiği ve teşvik edildiğine dair tüm belirtileri göstermektedir.

Ermeni terörünün bir diğer önemli vasfı da büyük badirelerden kolayca kurtulma ve toparlanma kabiliyetidir. 1982'de İsrail, Lübnan'ı işgal ettiği zaman ASALA'nın karargâhını yok etmişti. Ama "Ermeni terör örgütlerinin beli kırıldı, bir daha toparlanamazlar" gibi değerlendirme yapılırken ASALA'nın saldırıları durmadı. Hatta içimize kadar girip Ankara Esenboğa Havaalanı'na bile öldürücü bir saldırı düzenledi.

7 Ağustos 1982 ASALA'nın Esenboğa Saldırısı

7 Ağustos 1982'de Ermeni terör örgütü ASALA tarafından Ankara'da Esenboğa Havalimanı'nda yaptığı bombalı saldırıda 9 kişi öldü, 72 kişi de yaralandı.

ASALA, Esenboğa saldırısını takiben Ermeni terör örgütü mensuplarının hapiste tutulduğu Kanada ve diğer devletleri uyardı ve onları da misillemeyle tehdit etti. Üç hafta sonra ASALA'nın uzantısı JCAG (Ermeni Soykırımı

Adalet Komandoları) bu tehditi uygulamaya soktu ve Ottava'daki Türk askeri ateşesini vurdu.

Ermeni teröristler dünyanın dört yanında 41 Türk diplomatı ile aile fertlerini öldürmekle kalmamıştır. THY'nın dış temsilcilikleri ile bürolarına da saldırılar düzenlemiştir. Ayrıca Türklere karşı saldırı düzenlemek veya diğer bazı suçlardan hapsedilen Ermenilere karşı iyi davranmaları için diğer ülkeleri, havayollarına ve diğer kuruluşlarına saldırmakla tehdit etmiş ve bazı ülkeleri sindirmeyi başarmışlardır.

Ermeni terör örgütlerinin en önemlileri ASALA ve JCAG'dır. Bunların arasındaki ilişkiyi ayırt etmek kolay değildir. ASALA Marksisttir. JCAG ise, yüzyıllık mazisi olan Taşnak komitesinin bir uzantısıdır..

1975'te başlayan ve Türkiye'ye karşı yöneltilen Ermeni terörüyle ilgili en önemli konu; Türkiye'den bir bölgeyi alıp onu bağımsız Ermenistan'a katmak amacını güden yegâne büyük terörist hareketi olmasıdır. Büyük Ermenistan olarak bilinen toprak parçası küresel güçler ve özellikle de Rusya için çok stratejik bir bölgedir. Çarlık Rusyası gibi SSCB'nin de Türkiye üzerindeki emelleri içinde tarihi değere sahip bu bölge, bağımsız Ermenistan kurulduktan sonra Ermenistan'ın Türkiye'den koparılıp Büyük Ermenistan'ın kurulmasına dönüşmüştür.

İstenen ve tarihte olduğu farzedilen Büyük Ermenistan

Sovyetlerin de, Çarlık Rusyası gibi, petrolün ve Basra Körfezinin korunması için kritik yerde bulunan Doğu Anadolu üzerinde büyük emelleri vardı. Şimdi bu emellerin sahibi Rusya Federasyonudur.

Ruslar için ASALA ve JCAG örgütleri tarafından istenilen Türkiye'nin doğusundaki altı vilayetin önemi çok artmıştır. Yukarı Basra Körfezi, körfez petrolünün % 90'ını içermektedir. Ve petrol bugün sadece savaş için lazım olan bir malzeme değildir. Bugün Körfez petrolü AB ve Japonya'nın barış zamanı ekonomileri için de önemlidir.

Fransa'da bir Ermeni Soykırım Anıtı

ASALA'nın amaçlarını basit bir milliyetçilik veya bağımsızlık mücadelesi olarak tanımlamak zordur. Çünkü ASALA için bağımsızlık demek Türkiye'den kurtulmaktır. Oysa örgütün Sovyetler Birliği'nden (Rusya'dan) ayrılmak gibi bir düşüncesi olmadığı gibi Sovyet güdümüne girme gayesi gayet açıktır. Demek ki amaç bağımsızlık değildir.

ARMENIA dergisinin bir sayısında şu ifade vardır; *"Kuvvetlerimiz bağımsızlığını elde etmiş olan Sovyet Ermenistanı'na asla saldırmazlar"*. Kısaca ASALA'da "bağımsızlık" kavramı SSCB'nin parçası olmak şeklinde anlaşılmaktadır. Makale şöyle devam etmektedir; *"Biz birleşik ve sosyalist bir Ermenistan için kavga veriyoruz. O halde Sovyet Ermenistanı ile birleşip bütünleşmeliyiz."*

ARMENIA'nın diğer sayılarında çıkan birçok makaleden de anlaşıldığı gibi ASALA'nın stratejik amacı; Türk Ermenistanı ile SSCB Ermenistanı'nı birleştirmektir.

ASALA ve JGAG Türkiye'nin dış temsilcilikleri ve ailelerine karşı düzenlediği suikastleri; Türkiye'nin doğu bölgesinde tarihi Ermenistan'ın kurulması yolunda atılmış bir adım olarak görmektedir. Ayrıca Osmanlı'nın, 1915'te geleneksel düşmanı Çarlık Rusyası ile savaşırken işlemiş olduğu Ermeni Soykırımının intikamı olarak gösterip haklı olduklarını ispat etmeğe çalışmaktadır.

ASALA ve Adalet Komandoları'nın terörü haklı göstermek için dayandıkları 1915 felaketine gelince; 100 yıl önce olduğu iddia edilen olayların doğru olduğunu farzedelim. Bu durum bile, o zamanki olaylar ile hiçbir ilgisi olmayan, hiç biri o devirlerde yaşamamış çok azı o devirlerde doğmuş diplomatları, eşlerini ve çocuklarını öldürmeyi mazur gösteremez.

Yani, Osmanlı Türklerinin masum insanları bilerek veya istemeyerek yok etmesi aynı tip hareketlerin bugün Türklere karşı yapılması için sebep teşkil edemez. Masum insanların katlini mazur göstermek için tarihin sebep gösterilmesi mantıksızdır. Şavaş hukukuna göre savaşan askerler ile masum insanların ayırdedilmesi ve kişisel değerlerinin korunması için önlem alınması çok doğaldır.

Osmanlı Tarihçisi Prof. Dr. Halil İnalcık'a göre; Osmanlı, en güçlü zamanlarında bile askeri gücünü ölçülü kullanmak geleneğine sahiptir. Çocuk ve kadınları asla öldürmemek gibi insani konuda İslâmî kurallara uymuşlar, hatta kendi taraflarına geçen düşmanlarının dahi hayatını bağışlamışlardır.(1)

19 uncu Yüzyılın sonu ve 20 nci Yüzyılın başında oluşan katliamlarda, Osmanlı yönetimi kadar kışkırtılan Hristiyan milliyetçiler de sorumludur.

----

(1) İnalcık,Halil, Ottoman Method of Conquest (Osmanlıların Fetih Yolları), Studia Islamica, 1954

Abartılmış ve kurgulanmış soykırım görüntüleri

Avrupada gelişen Milliyetçilik akımları ile birlikte Osmanlı topraklarında 19 uncu Yüzyılın ikinci yarısında başlayan isyan hareketleri dışarıdan çok güçlü destek aldığı için Osmanlı devlet erkanını çok uğraştırmıştır.

Bu dönemde meydana gelen olaylar tartışmalıdır, ama açık olan birşey vardır. Ermeni örgütleri terörist hareketlere bilerek başlamıştır. Çünkü Ermeni isyanını ve terörünü kurgulayan mihraklar; Müslüman Türkleri de aynı şekilde harekete geçmek için tahrik etmek, Türklerin bu tepkisini sömürmek ve böylece yabancı güçlerin (genellikle doğudaki Hristiyan halkın kurtarıcısı olarak gördükleri Çarlık Rusyası'nın) işe karışmasını sağlayıp, bağımsız bir Ermeni devletinin kurulmasını mümkün kılmak istemişlerdir.

Amerikan misyoneri Cyrus Hamlin'e, bir Ermeni tehdişcisi Hınçak örgütünün amaçlarını şöyle açıklamıştır;

" Türkleri ve Kürtleri öldürüp, köylerini yakacağız ve dağlara kaçacağız. Bu şekilde tahrik edilecek olan Müslümanlar daha sonra korumasız Ermenilere saldırıp onları barbarca katletmeye başlayınca, Rusya, insanlık ve Hıristiyan medeniyeti adına gelip idareyi eline alacak."

Türkiye'deki ABD dışişleri yetkilileri ile Amerikan dışişleri arasındaki yazışmalarda, ABD misyonerlerinin tehdişciler tarafından *"Türkler'in üstüne tepki çekmek amacıyla*" öldürülmekten çok korktuklarını ve Ermeni tehdişçilerinin gerçek amaçlarının ise; "*cahil halkı bir Hıristiyan katliamına sürükleyecek hareketleri teşvik etmek*" olduğuna dair birçok rapor bulunmaktadır.

Bu hareketler asla plânsız yapılmıyordu. 1895'de Türkiye'nin ABD Büyükelçisi ABD Dışişleri Bakanlığına şu raporu yollamıştı;

"*...Osmanlı Devleti'nde son derece aşırı boyutlara erişen ırkçı kin, dini nefret, ve hepsinden önemlisi Hristiyan dünyasının sempatisinden emin oldukları sürece rahat durmayacak olan Ermeni anarşistleri yüzünden daimi bir güvenlik ve düzen sağlamak imkânsız hale gelmiştir.*"

Harvard Üniversitesi'nin diplomasi tarihi uzmanı William Langer'e göre;

"*Türkiye'deki Avrupalılar, Ermeni tahrikçilerin esas amacının karışıklık ve insanlık dışı uygulamalar yaratmaya çalışmak ve bir dış müdahaleyi mümkün kılmak olduğu hususunda hemfikir idiler*". (2)

Aynı ABD yetkililerinin 1895-1896 tarihlerinde gönderdikleri raporlarda Ermeni teröristlerinin hareketleri lanetlenirken, Osmanlı yetkilileri ve Kürt çetelerinin bazı kanlı misillemelerinden de bahsedilmektedir.

Müslüman Türklerin Ermeni terörüne aynen cevap verdiğini gösteren büyükelçilik raporları sadece Hristiyan misyonerlerin Ermenilere karşı sempatilerine atfedilemez.

Çünkü Konsolosluk rutin raporlarına göre, ABD misyonerleri dahi Ermeni terör örgütleri yüzünden öldürülmekten korkuyordu. Bu yüzden Türk hükümetinin Amerikan Dışişleri'ne " *Eğer bastırma şiddetli olmuşsa, bu isyanın da kanlı bir şekilde organize edilmesindendir*" şeklindeki açıklaması yanlış değildir.

----
(2) Langer, William L.- Alfred Knopf, The Diplomacy of Imperialism, 1890-1902, New York, 1968

Erzurum bölgesinde Müslümanların toplu mezarı

1975-1979 arasında ASALA örgütünün eylemleri Türk diplomatlarını öldürmek ve insanlardan çok maddi hasara yönelik bombalamalarla sınırlı idi. Bu tarihten sonra ASALA örgütü Batı ülkelerini hedef alan eylemlere yöneldi. Terör saldırıları, politikası ve tutumları ASALA örgütüne ters düşen bazı devletlere kaydırıldı. ASALA, özellikle hedef olarak üyelerinin yargılanıp hapsedildiği Batı devletlerini seçti.

1980'de Cenevre'de iki Ermeni teröristinin hapse mahkûm edilmesi üzerine, ASALA "3 Ekim Harekâtı" adı altında İsviçre bürolarına bir seri bombalama eylemi düzenledi. Bu eylem sonunda, Ermeni teröristler 18 ay hapis cezasına çarptırıldı, fakat daha sonra bu ceza ertelenip, teröristler 15 yıl süreyle İsviçre'ye girmemeleri şartıyla serbest bırakıldı.

ASALA yayın organı ARMENIA'nın Haziran 1982 sayısına göre 3 Ekim Harekâtı; 10 Ağustos 1981 ile 12 Aralık 1982 tarihleri arasında Beyrut, Londra, Roma ve Milano'daki İsviçre Havayollarına yapılan saldırılar da dâhil olmak üzere 21 bombalama eyleminde bulunmuştur.

1981 Haziranında Cenevre'de bir ASALA militanı bir Türk diplomatını öldürmek suçuyla hapsedilince, ASALA bu sefer de "9 Haziran Örgütü" adıyla benzeri eylemler yaptı. Los Angeles, Cenevre, Tahran ve Madrid gibi değişik yerlerde 15 bombalama eyleminde bulundu. Fransız kurumları'da bazı ASALA üyelerine hapis cezası verilmesi üzerine ASALA'nın saldırılarına hedef oldu.

Armenia'nın Haziran 1982 sayısında yayımlanan bildiriye göre; bu saldırılar basit bir intikam değildir. Batı ülkelerinin, ASALA örgütü üyelerini politik suçlu olarak tanımasını sağlamak suretiyle, ASALA'nın hareketlerini yasallaştırma gayesi güden stratejinin bir parçasıdır.

ASALA Terör Örgütünün eylemleri dünya basınında

Nitekim, Fransa'nın dört ASALA militanına politik suçlu statüsü tanımasını takiben Armenia'da çıkan bir makalede şu sözler yer almıştır; *"...Zafer kazanıldı. Politik suçlu statüsü alan bu dört kişi Ermeni davasını savunmak için çıktıkları Fransız mahkemesinde, Fransız adaleti tarafından suçlanamayacaktır. Çünkü sanık sandalyesine oturacak olan Türk hükümetidir."*

7 Ağustos 1982'de üç kişilik bir Ermeni intihar timi Esenboğa Havaalanında terör estirip 9 kişiyi öldürdü ve 72 kişiyi yaraladı.15 Temmuz 1983'te Paris Orly Havaalanı Türk Hava Yolları gişesine yapılan bombalı saldırı sonucunda 8 kişi öldü ve 55 kişi yaralandı.

Yapılan incelemeler göstermiştir ki; terör silahını kullanan küresel güçlerin emrinde hareket eden Diaspora

Ermenilerinin esas niyetleri bağımsız Ermenistan Devleti kurmak değildir. Onların isteği Türkiye'nin doğusu ve güneydoğu bölgesini batının etkisinden koparmaktır. Ermenilerin bu isteğini gösteren önemli bir belirti de aynı amaç için yıllardır uğraş veren geleneksel düşmanları bölücü Kürt unsurları ile diyalog ve işbirliği yapmalarıdır.

Türk Ermenistanını Türkiye'den koparıp, Sovyetler Birliği'ne (Rusyaya) bağlamak, Türkiye'deki batı etkisini azaltmak için etkili bir yoldur. Bunun dışında bölgedeki batı etkisini azaltmak için başka bir yol Türkiye'nin NATO ittifakı ile olan ilişkisini bozmaktır. ASALA'nın eylemlerinin de bu amaca da hizmet ettiği düşünülebilir. ASALA'nın hemen hemen tüm saldırıları Türkiye'nin dışında ve batı ülkelerinde meydana gelmiştir.

ASALA, yakalanan örgüt üyelerine çok sert cezalar veren devletleri sindirip onlara yumuşak davranmalarını ve siyasi mahkûm statüsünü kabul etmelerini sağlamak amacıyla büyük gayret göstermekte ve bunda genellikle muvaffak olmaktadır.

Türkiye'nin; müttefik olduğu NATO ülkelerinin, Türklere karşı yapılan hareketlere karşı tarafsız bir tutum izlemedikleri ve hatta teröristlere sempati gösterdikleri ortaya çıkınca doğal olarak bu devletler ile ilişkilerinde gerginlik oluşmuştur. Herald Tribune gazetesi, 1981'in Temmuz ayında Paris'de iki Türk diplomatının şehit edilmesi üzerine Türk-Fransız ilişkilerinde olan gerginliğe geniş yer ayırmıştır. Bu yazının aynen ASALA yayın organı Armenia'da da yayınlanması tesadüf değildir.

Teoride teröristin istediği şekilde davranmayarak teröristi engellemek de mümkündür. Teröre verilecek en uygun cevap onu fiilen silah gücü ile durdurmanın yanında teröristin istediği politik etkileşimin yaratılmasını önlemektir. İşte burada batı ülkelerinin bir çoğu ASALA terör örgütünün terör amaçlarına uygun davranmakta ve terör eylemlerinin kendilerine etkisini anlayamamaktadır.

Fransa bu konuda örnek ülkedir. 1981'de ASALA Paris Türk Konsolosluğunu basınca, Mitterrand hükümeti ASALA ile anlaşma yapmıştır. Buna göre, ASALA Fransa'daki hedeflere saldırmayacaktır, Fransa hükümeti ASALA ajanlarının Fransa'dan rahatça geçmelerine izin verecektir. Fransa hükümeti, bu iddiaları asla kabul etmediğini basın önünde açıklamasına rağmen Fransa'da yakalanan teröristlere politik suçlu statüsü tanınıp, ufak cezalar verilerek suçluların hemen hapisten çıkartılması bu iddiayı tamamen doğrulamıştır.

Bu politikanın sonucunda, en son Orly Havaalanı saldırısı olmak üzere, Fransa topraklarında 1981 yılından başlayarak 33 terör saldırısı olmuştur. Bu sayı diğer ülkelerde düzenlenen saldırı sayısından çok fazladır.

Fransa kendi yurttaşlarının da ciddi zarar gördüğü Orly Havaalanı saldırısından sonra terörizm politikasını değiştirmek zorunda kalmıştır..

7 Ağustos 1982, Ankara Esenboğa Havaalanı Saldırısı

Terör olaylarının bu şekilde akışı şaşırtıcı değildir. Çünkü Türkiye'nin teröristleri desteklediğine inandığı bir NATO ülkesinin topraklarında yapılan bir saldırı, NATO ittifakını zayıflatmak açısından, teröristleri takip edip cezalandıran bir ülkede gerçekleştirilen bir saldırıdan çok daha etkili olmaktadır.

Ermeni teröristleri Türk hedeflerine ABD, Kanada, Fransa, İsviçre, Portekiz, Avustralya, Avusturya, Lübnan ve İran gibi değişik ülkelerde saldırmışlardır. Bir devlete kendi sınırlarının dışında terörist bir saldırı düzenlenirse gerekli cevabın verilebilmesi için ilgili devletlerin işbirliği gerekir. Devletler terörü kendi çıkarına göre yorumlayıp tanımladığı için bu işbirliğinin gerçekleşmesi çok zordur. Bu yüzden soruna çözüm getirmek için terörizm temelden ve uluslararası düzeyde ele alınmalıdır.

Terörizmin en temel özelliği, hedeflerini tamamen sivillerin, yani herhangi bir savaşta savaşmayan kişi diye tanımlanan kişilerin teşkil etmesidir. Ermeni teröristler, hiçbir zaman askeri hedefe saldırmamışlardır. Saldırılarını diplomatlara ve büyükelçiliklere yöneltmişler, kendilerine karşı olan üniversite öğretim üyelerini tehdit etmişler ve hava alanlarını bombalamışlardır.

ASALA yayın organı HAYASTAN'a göre; ".. Bir Ermeni kurşunu ile öldürülen bir kurban, Ermeniler tarafından kişi olarak algılanmaz. Çünkü o, Türk Hükümetini temsil etmektedir ve onun şahsına yöneltilen saldırı doğrudan hükümetedir."

Bu açıklama, teröristlerin kişisel özgürlük ve haklara karşı hiç saygısı olmadığını ortaya koymaktadır. Bu terörist düşünce yapısının tipik örneğidir.

Uluslararası terörizm kronolojisinde kaydedilmiş olan terör olaylarının % 90'ı sivil hedeflere yöneltilmiştir. Terör örgütleri sivil hedeflere çeşitli şekillerde saldırırlar. Eğer teröre gerekli tepki gösterilecekse bunların her biri çok iyi irdelenip tedbirler buna göre plânlanmalıdır.

Terörist grupların en yaygın saldırı yöntemi açık ve doğrudan yapılmış olanıdır. Bu tip saldırılar iki şekilde olur. Ya önceden seçilmiş politik bir hedefe saldırılır veya büyük can kaybına yol açan kitle saldırıları düzenlenebilir. Ermeni teröristler yaygın olarak daha önceden tespit ettikleri Türkiyenin dış temsilciliklerine doğrudan saldırı düzenlemişlerdir. Fakat Ermeni tehdişcileri bunun yanında

Türkiye hükümetiyle hiç ilgisi olmayan birçok masum sivil kişinin öldüğü Ankara-Esenboğa ve Paris-Orly havaalanlarına saldırarak seslerinin dünya kamuoyunda daha fazla duyurulmasını istemişlerdir..

Bunlar plânlı ve proğramlı olarak en çok sivil insan kaybı yaratacak hedeflere saldırmaktadır. Buradaki ana strateji; teröristlerin sivil halka karşı terör uygulayarak hükümetleri de halka karşı benzeri tedhiş hareketlerine başvurma yönünde tahrik etmesidir. Bu stratejinin gayesi; mevcut yönetime karşı uluslar arasında infial uyandırmak ve kamuoyunda sempati toplamaktır.

Şüphesiz bir hükümetin terörist saldırılarına terörle karşılık vermesi teröristlerin ekmeğine yağ sürer. Çünkü suçsuz insanların bilerek veya dikkatsiz bir davranışla öldürülmesinin mazereti yoktur ve bunun demokrasilerde yeri de olamaz. Terörizme karşı teröriste benzer görünüm ile yapılacak devlet tepkisi çok tehlikelidir. Çünkü bu devlet faaliyetinin yasallığına gölge düşürmektedir.

Ankara Esenboğa havaalanına 7 Ağustos 1982 tarihinde yapılan baskından üç hafta sonra Kanada'da Türk askeri ateşesinin vurulması üzerine TC.Devlet Başkanı Orgeneral Kenan Evren şu beyanatı vermiştir; *"..Türk hükümeti, Türkiye Cumhuriyeti'ne karşı bir savaş halini alan cinayetleri sona erdirmek için her türlü tedbiri almaya kararlıdır. Mücadelede devletimizin gücünü gerektiği yerde ve gerektiği zamanda kullanması zorunlu hale gelmiştir."*

Eğer sözde haklı sebebe dayanıyor gerekçesi ile terör mazur görülürse terörizmle savaşmada uluslararası işbirliği oluşturmak zorlaşacaktır. Milletler arasında hangi davanın yasal olduğu hususunda büyük görüş ayrılıkları vardır. Birisi için terörist olan öbürü için özgürlük savaşçısıdır. BM Uluslararası Terörizm Özel Komitesi, henüz terörizmin tanımı hakkında dahi bir fikir birliğine varamamıştır.

1915'teki olaylardan dolayı özellikle Türkleri hedef alan bir şiddet uygulamasının haklı olduğu görüşü ne yazık ki bazı Ermeni çevrelerinde kökleşmiştir. Mesela, ABD Los Angeles'de yayımlanan Ermeni gazetesi Los Angeles Times'da çok sayıda Türk olmayan insanın öldüğü Orly bombalanmasından sonra çıkan bir yazıda şöyle denmiştir; *"Sanırım ki Ermenilerin çoğu bu havaalanı bombardımanını lanetleyecektir. Bu çok fazla ileri gitmektir. Bu masum insanları katletmektir. "* Burada ima edilen şey Türk diplomatlarının "masum insanlar" değil, terör için uygun hedefler olduklarıdır.

Paris'te yargılanan dört Ermeni teröristin avukatı diyor ki; *"Terör ve terörizmi lanetlemenizi isteyenler size Ermeni soykırımı asla olmamıştır dedirtmeğe çalışıyor."*

Terörizme karşı takınılacak tavrın etkili olabilmesi için terör faaliyetlerinin fiziki olarak önlenmesi yanında, teröristlerin politik amaçlarına da engel olunmalıdır.

Dünya ülkeleri Ermeni terörü hakkında Diaspora Ermenilerinin Türkiye'ye karşı yürüttükleri saldırıların muhtemel acı sonuçlarını kavramak zorundadırlar. Teröre karşı etkili bir tavır alınması için, sivil masum insanlara saldırmasından dolayı sebebi ne olursa olsun, terörizmin lanetlenmesi gereği herkes tarafından kabul edilmelidir. Bu konuda fikir birliği sağlanmadıkça, teröristler, yayın araçlarını da kullanmak suretiyle, kendi davaları yönünde sempati kazanmaya devam edeceklerdir.

Bugün Türkiye aleyhindeki tutum ve davranışlar Ermeniler ve "Ermeni Soykırımı" iddiaları kullanılarak devreye girmektedir.

Burada kaybeden taraf Türkiye değil, kendilerinin kullanılmasına izin veren Ermenilerdir.

CUMHURİYET DÖNEMİNDE
ERMENİ FAALİYETLERİ

Cumhuriyet döneminin Ermeni hareketlerini 1923-1973 arasında ve 1973'den sonra olarak iki ana bölüme ayırarak inceleyebiliriz.

1923-1973 yılları arasında ciddi bir hareket olmadı. Fakat bu dönemde 1973 sonrası sözde Ermeni soykırımı iddialarını bahane edinen silahlı terör saldırılarının fiilen oluşmasına elverişli zemin hazırlandı. Serv Antlaşmasında kendilerine bol keseden vaat edilen eski topraklarına kavuşamayacağını anlayan günümüz Ermenileri, Lozan Barış Antlaşması ile fiilen Büyük Ermenistan hayalleri de tamamen bitince boş durmayıp yeni hedefler belirlediler.

Dünyanın dört tarafına dağılan Ermeni toplumu bulundukları ülkelerde girdikleri büyük kimlik bunalımını gidermek ve bulundukları ülkelerde yerleşip kök salmak için birlik ve beraberlik içinde olmak gereği hissettiler. Bunun için iyi örgütlendiler, birbirlerine sahip çıktılar. Sayıları az ama etkili bir güç haline gelmek için birlikte hareket etmenin gerekliliğine inanarak birbirlerine iyice kenetlendiler. Özgün kültürlerini kaybetmemek için çaba harcarken ortak duyguları olan Türk düşmanlığı etrafında toplanmaları için bulundukları ülke yönetimlerinden ciddi destekler alarak güçlendiler.

Bu ortamda asimilasyon tehlikesi öncelikli olarak aciliyet kazanıyordu. Geniş bir coğrafyada birçok kez göç edilmesi asimilasyonu kaçınılmaz kılıyordu. Bu ortamda Ermeni kilisesi ve Ermeni siyasi partileri ilk hedef olarak Ermenilik bilincini yeniden inşa etmeyi seçtiler. Dünyanın dört tarafına dağılmış ve hiçbir ülkede yeterli çoğunluk oluşturamamış Ermeniler; birbirinden çok farklı Türkçe, Arapça, Rusça, Ermenice lehçeleri, İngilizce, Rumca, Fransızca vs. gibi dilleri konuşuyorlardı. Ayrıca farklı çok ekonomik ve kültürel yapılarda yaşıyorlardı.

Bu birbirinden çok farklı olan insanları birarada tutabilmek ve tarih içinde kaybolmalarını önlemek için yapılacak bir tek şey kalıyordu. Hepsinin ortak yaşamında yer almış bir fikir üzerinde bir araya getirilerek dünyanın neresinde bulunurlarsa bulunsunlar ayni hedefe gitmeleri sağlanmalıydı. İşte bu zaruri ihtiyaç, birleştirici unsurların abartılarak kullanılmasına ve olmamış bazı hususların da abartılarak birleştirici unsur olarak yeniden yaratılmasına neden olmuştur. Türkler istemeyerek de olsa bu süreçte çok önemli bir rol oynamıştır. Çünkü bulunan birleştirici unsur Türk ve Türkiye düşmanlığı olmuştur.

Diyarbakır Ermeni Kilisesi Rahiplerinin Ayin zamanı

Çok küçük yaşlardan itibaren Ermenilerin etnik kimliklerini tamamen Türk karşıtlığı üzerine oturttuğunu söyleyebiliriz. Doğal olarak bu süreçte Ermeni kilisesi özel bir rol oynamıştır. Ermeni okulları, Türkleri ve Türkiye'yi hiç görmemiş olan genç nesilleri adeta politik hedefleri doğrultusunda yeniden şekillendirmiştir.

Kilise sözcülerine göre; Osmanlı Ermenileri 1915 olaylarında tamamen yok edilmek istenmiştir. Dışarıdan aldıkları maddi ve manevi destekle mucize kabilinden kurtulmayı başarmışlardır. Kilise, bu durumu Ermenilerin önemli efsanelerinden biri olan Nuh Tufanı'yla izah etmektedir. Kendilerini Nuh'un torunu Hayk'ın çocukları olarak tanımlayan kilise yönetimine göre; Ermeni toplumu nasıl tufanda yok olmamışlar ve ardından bütün dünyaya yayılarak anavatanlarına geri dönme gücünü bulmuşlarsa, 1915 yılı olaylarından sonra da hayatta ve ayakta kalmayı başarmışlardır. Söz konusu yaklaşıma göre anavatana yani Anadolu'ya ileride dönmeleri de mutlaka gerçekleşecektir.

Kilise'nin yaklaşımındaki Türklerin, "doğal afetin gördüğü işlevi görmesi" hususu dikkat çekicidir. Buna göre Türkler; " Her türlü kötülüğü yapabilecek bir yaratık" olarak sunulabilmektedir. Bu çerçevede başta kilise olmak üzere aşırı Ermeni örgütleri Türkleri "konuşulamaz ve asla iletişim kurulamaz yaratıklar" olarak sunmuşlardır. Ve bu şekilde Ermeni kimliğinin inşasını böylesine negatif bir yolla oluşturma yoluna gitmişlerdir.

Bu süreçten geçen her Ermeninin asli görevi bu olayları unutmamak ve asla yakınlarına unutturmamaktır. Sonunda mutlaka anavatana dönüp o günlerin intikamının alınması hususu temel hedef olarak verilmiştir.

Diaspora Ermenileri arasında Türklere karşı nefret duygularını yeşertme operasyonu diyebileceğimiz bu kampanya asimilasyon tehlikesi arttıkça hız kazanmıştır. Bu durum Türk düşmanlığını ve terörü besleyici zemini meydana getirmiştir.

İkinci Dünya Savaşı sırasında Hitler'in Yahudilere uyguladığı vahşet ve Yahudi toplumunun yaşadıkları gerçek soykırım neticesinde büyük avantajlar elde ederek kendi devletlerini kurması Ermeniler için bir başka örnek ve itici güç olmuştur.

Bu defa benzerlikten yararlanmak istenilmiş ve yeni politikalar buna göre çizilmiştir. Buna göre; "Ermeniler de tıpkı Yahudiler gibi soykırıma tabi tutulmuş bir toplumdur. Doğal olarak aynen Ermenilere de Yahudi toplumuna verilen haklar verilmelidir."

Bu şekilde tamamen uydurma ve hayali fikri yapı ile yetiştirilen Ermeni toplumu, Türk halkının kendilerine düşman olduğunu öğrenmişler, bunun için dünyanın kendilerine yardım etmesi beklentisi içine girmişler, Türklerin de atalarının yaptıkları bu büyük "hatayı" neden hâlâ kabul etmediklerine bir anlam verememişlerdir.

Bu şekilde terör için en önemli şart, yani şiddeti meşru kılacak "haksızlığa ve mezalime uğramış olmak" hissi beyinlerde iyice yer etmiştir. Haksızlığa uğradıklarını düşünen tüm Ermeni halkının ortak fikri "Atalarını öldüren Türklere haddini bildirmek" olarak sabit hale gelmiştir. Bu haddini bildirmenin yolu da ancak aşırı örgütler eliyle ve şiddet kullanarak olacaktır.

Bu müsait ortam batı blokundaki Türkiye'ye karşı SSCB tarafından sıkça kullanılmıştır. İkinci Dünya Savaşı sonrasında Ermeni ve Gürcüleri kullanarak Türkiye'den toprak talep eden Stalin'in bu politikası Türkiye'nin Nato'ya girişi ile engellenmiştir. Fakat Stalin'den sonra da SSCB, bu kez gizliden gizliye Ermeni terör örgütlerini, özellikle Hınçak örgütünü desteklemiştir. ASALA, bu destek sonunda solcu Marksist-Leninist bir örgüt olarak ortaya çıkmıştır.

1923-1973 yılları arasındaki süreç içinde Ermeni Toplumu Türklük düşmanlığı etrafında birleştirilmiştir. Türkleri her zaman ve her yerde potansiyel saldırı hedefi halinde gören bir nesil yetiştirilmiştir. Dünyayı bölerek ve parçalayarak denetimini ele geçirmeyi plânlayan küresel odaklar bu gelişmeyi dikkatle izlemişlerdir. Oluşması için açıkça her türlü desteği vermişlerdir. Sonunda hazırlanan bu terör ortamının sonuçları kısa sürede alınmıştır..

Ermeni terör eylemleri sonucu 1973-1984 arasında 33 Türk diplomatı vahşice öldürülürken, 34 diğer ülke vatandaşı da bu saldırılarda hayatını kaybetmiştir. 200'den fazla silahlı tedhiş eylemindeki toplam yaralı sayısı ise

500 kişiyi bulmuştur. Bu dönem içinde Ermeni terörünün dünyadaki terör olayları içinde en şiddetlisi olduğunu söylenebiliriz. Diaspora Ermenileri, asimilasyona karşı en önemli unsur olarak geçmiş olayları görmüşler ve böylece 'soykırım' olduğuna inandıkları kutsal davayı savunmak için yapılan terörü çok doğal olarak karşılamışlardır.

Yurtdışında Şehit Diplomatlarımızı Anma Töreni

Diaspora Ermenileri, bulundukları ülke halklarının da kendileri gibi düşünmeleri gerektiği konusunda yoğun çabalar harcamışlardır. Bu çabalarının başarılı sonuçlarını son yıllarda birbiri peşi sıra pek çok ülke meclislerinden çıkartılan Ermeni soykırımı yapıldığını kabul eden yasa tasarıları ile almışlardır.

Ermeni toplumu dışarıya karşı birlik görülmelerine rağmen kendi içlerinde bazı temel fikir ayrılıkları içine düşmüşlerdir. Ermeni siyasi yaşamında solcu gruplar komünist SSCB ile birlikteliği savunurken sağcı Taşnaklar tam bağımsız bir Ermenistan istemişlerdir. Aradaki bu rekabet teröre hizmet etmiş ve taraflar Ermeni davasına en çok kendilerinin katkıda bulunduğunu kanıtlayabilmek için Türkiye'ye en çok zarar veren grup olarak görünmek istemişlerdir.

Bu anlayışa göre; " En iyi Ermeni, Türklere ve Türkiye'ye en çok zararı verebilen Ermeni"olmuştur..

Ermeni terörü, Türkiye'nin Suriye, Bulgaristan, Yunanistan, Rusya, Kıbrıs Rum Kesimi ile olan olumsuz ilişkilerinden etkilenmiştir. Yunanistan dışındaki ülkeler, SSCB politikalarının bir parçası gibi hareket etmişlerdir. Bir bakıma bu ülkeler Ermeni terörüne doğrudan lojistik destek temin etmişlerdir.

Yunanistan Lavrion Kampı

Yunanistan, Türkiye ile olan ikili sorunlarını birebir çözmeyeceğini bildiğinden Türkiyeye düşman olan bütün unsurlarla işbirliği içine girmeyi milli bir politika olarak uygulamıştır. Bu nedenle 1970'li yıllarda Türkiye'ye karşı faaliyet gösteren her türlü terör örgütü ile Atina arasında bağ kurulmuştur.

Yunanistandaki Lavrion Mülteci kampı ve Güney Kıbrıstaki Trodos dağındaki kamplarda Ermeni teröristler eğitilmiş, sürekli lojistik destek verilmiştir.

Sonuç olarak; Ermeni terörü eylemleri 1985'lere gelindiğinde sona ermiştir. Bu netice konu üzerine plânlı ve proğramlı olarak eğilen Türkiye'nin başarısıdır.

SOYKIRIM İDDİALARININ PANZEHİRİ OLAN TARİH VE TARİHÇİLER NE DİYOR?

Ermeni Soykırımı konusu, gerçek tarih bilimciler dışarıda tutularak tümü siyasetçiler tarafından uydurulmuş gerçek dışı bilgilere dayanan safsatadan ibarettir. Bilimsel çalışmalar dışında kulaktan dolma yalan-yanlış hurafeler ve rivayetlerle yaratılan bugünkü durum telafisi çok zor olan uluslararası bir sorun haline dönüşmüştür.

Sözde tarihçilerin gerçek belgeler ortaya koymadan sergiledikleri dayanaksız çalışmaları ile saptırılan tarihi gerçekler, bugün gerçek tarihçiler tarafından asıl rayına oturtulmaya ve olaylar tarihi seyri içindeki doğal mecrası içine çekilmeye çalışılmaktadır. Fakat bu husus sanıldığı gibi çok kolay olmamaktadır.

Ermeni soykırımı konusunda önemli araştırmalara imza atmış uzman tarihçilerden biri de ABD, Lousville Üniversitesi öğretim üyesi Prof.Dr. Justin Mc Carthy'dir. Bu değerli bilim adamı konulara hep bilimin gerçekçiliği ile yaklaşmış, belgelere dayalı olan özgün düşüncelerini her platformda açıkça sergilemekten çekinmemiştir.

Prof.Dr.Justin Mc Carthy, Diaspora Ermenilerinin lobi çalışmalarının güçlü olduğu ABD'de asla soykırım yapılmadığı yönündeki özgün fikirlerini hiç çekinmeden söyleyebilen birkaç kişiden biridir. Carthy, Ermeni Sorunu konusunda Türkiye'de düzenlenen bilimsel çalışmalarda da tebliğler sunmuş ve televizyon proğramlarında Türk tezine tamamen uyan düşüncelerini ısrarla savunmuştur.

Prof.Dr. Justin Mc Carthy'nin tarafsız tarihçi gözü ile Ermeni soykırımı hakkındaki fikirlerini açıkladığı tebliğlerinden birini Ankara Üniversitesinin 17-18 Nisan 1984'de icra ettiği "Uluslararası Terörizm Sempozyumu" içinde sunmuştur.

Sözde Ermeni soykırımı konusunun tarafsız ve gerçek bilim adamı kimliği taşıyan kişilerce nasıl görüldüğüne misal olarak Prof. Dr. Justin Mc Carthy'nin bu sempozyumda sunduğu makalesinin geniş bir bölümü aşağıya çıkarılmıştır.

Prof.Dr. Justin Mc Carthy

30 sene önce konunun ulaştığı seviyeye göre Prof. Dr. Mc Carthy'nin fikirlerinin ne kadar doğru ve gerçekçi olduğunu bugün çok daha iyi idrak edebiliyoruz.(1)

Fransa parlamentosunun 'Ermeni Soykırımı yoktur' diyenlere hapis cezası getiren kanuna karşı öncelikle Fransız tarihçilerinin isyan ettiği bir düzeye ulaştığımız bugün yadsınamaz bir gerçektir..

Ayrıca Türk Tarih Kurumu Başkanı Prof. Dr. Yusuf Halaçoğlu ile birlikte diğer tarihçilerimize Avrupalı parlamentolar ve siyasetçiler tarafından reva görülen çok haksız muameleler, tarihin fanatik siyasetçiler elinde ne hale getirildiğinin canlı şahidi olarak önümüzdedir.

----

(1) Uluslararası Terörizm ve Uyuşturucu Madde Kaçakçılığı Sempozyumu, (17-18 Nisan 1984), Ankara Üniversitesi Rektörlüğü Yayını No:88, Ankara 1984, ss:81-90

Akademik platformda "Tarih mi yoksa siyaset mi?" sorusunun çok iyi sorgulanması gerektiğine inanıyorum.

18 Nisan 1984'de Ankara Üniversitinin organize ettiği Uluslararası Terörizm Sempozyumunda sunduğu tebliğde Prof. Dr. Mc Carthy diyorki;

"... *Tarihçiler genellikle günümüzdeki terörizm tartışmalarına katkıda bulunmazlar. Özellikle Ortadoğu ülkeleri tarihçileri Ermeni terörizmi ile ilgili herhangi bir yorumdan kaçınmakta ve daha az geri tepme ihtimali olan konulara eğilmektedirler. Ancak Ermeni terörizmi konusunda tarih gözardı edilemez. Çünkü Ermeni terörünün sebebi ve tek çözümü tarihte yatar.*

Ermeni terörizminin kökü, saptırılmış bir tarihi görüşe dayanır ki; Ermeni terörizminin yenilmesi için bu görüşün yıkılması şarttır. Ben bu durumda terör ve terörizmle mücadelede, pek kullanılmayan bir yöntem önereceğim. Bu yöntem doğrudan Tarihin incelenmesidir.

Bir insanı terörist yapan birçok etken vardır; belki bunlardan pek azı teröristin inandığı dava ile ilgilidir. Yine de her teröristin, ölmek ve öldürmek için bir felsefe ve davaya ihtiyacı vardır. Burada tarih önemli rol oynar. Çünkü terörist sık sık halkının daha mutlu olduğu ideal bir geçmişe bakar. Tarihi kin ve nefretle doludur.

Bugün Ermeni teröristlerin kendilerini haklı olarak göstermek için tek dayanağı tarihtir. Çünkü kurtarılacak kimse yoktur. Ermeni teröristlerin gayesi geçmişte yapıldığına inandıkları hataların öcünü almaktır.

Ermeni terörünü haklı gösterecek bir neden olduğu söylenemez. Sovyetler Birliği gibi teröre destek sağlayan bazı ülkelerin Türkiye ve NATO'yu zayıflatmak açısından bazı çıkarları olabilir. Ama Ermeniler bu terörden hiçbir kazanç elde edemezler.

Anadolunun eskiden kendi vatanları olduğunu iddia etmeleri dayanaksızdır. Bugün SSCB'nin dışında yaşayan Ermenilerin sayısı üç milyondan azdır ve bunların da çok az kısmı yeni yaratılacak bir Ermenistan'a göç edebilir.

Aynı bölgede ise onbir milyonun üzerinde Müslüman Türk halen yaşamaktadır. Bu durumda Ermeniler, nüfusun ancak %10'unu teşkil edebilirler. Tam onbir milyon Müslüman Türkü yok edecek çok büyük bir savaş dışında Anadoluda Ermeni Devleti bir hayaldir.

Ermeni teröristlerin kendi halklarını baskıdan veya politik bir boyunduruktan kurtarıp onlara daha iyi bir hayat veya özgürlük sağlamak için savaştıkları da iddia edilemez. Çünkü bugün kimse Türkiye' deki Ermenilerin politik bir baskı altında olduğuna ciddi bir şekilde inanmamaktadır. Zaten, teröristler de Türkiye'deki Ermeni vatandaşlarının isteyerek Türkiye Cumhuriyeti'nin bir parçası olmalarından dolayı onları "gerçek Ermeni" saymamaktadırlar.

Eğer, Ermeni teröristler gerçekten kardeşlerini politik baskıdan kurtarmak isteselerdi, saldırılarını Türkiye'ye değil, Rusya'ya karşı yöneltirlerdi.(1984'de Ermenistan SSCB'ne bağlı bir Cumhuriyet idi)

Kısaca, Ermeni terörizminin gerçekleşebilir bir politik amacı olmadığı açıktır. Erzurum'a veya Harput'a "geri dönmek" gibi soyut politik laflardan arındırılınca, Ermeni terörü bir intikam isteğinin ürünüdür.

Ermeniler, Türklerin insanın yapabileceği tüm vahşet de dâhil olmak üzere çok çeşitli cürüm işlediklerini iddia etmektedirler; bunlardan ancak iki konu çok önemlidir: "Türklerin Doğu Anadolu'da bir Ermeni devletinin kurulmasını reddetmeleri" ve "Türklerin Birinci Dünya Savaşı sırasında 1,5 milyona yakın Ermeni'ye uyguladıkları söylenen soykırım".

Bunlar ciddi tarihi iddialardır. Bunların doğruluğu yalnızca Ermeniler tarafından değil, Batı Avrupa ve Amerika vatandaşlarının çoğu tarafından sorgusuz sualsiz kabul edilmiştir. Bu nedenle birçok masum diplomatın ve insanın katli Ermeni olmayan toplum kesimlerinde son derece az manevi tepki meydana getirmiştir. Çünkü bu tarihi iddialar yüzünden bu yapılanlar cinayet değil, haklı bir intikam olarak telakki edilmektedir.

Ermeni terörizmine karşı, teröristleri yakalayıp büyükelçilik binalarında bomba kontrolü yapıp mücadele etmek şüphesiz gereklidir. Ancak bunlar, hastalığın aslını bulmadan, belirtileri tedaviye benzer. Çünkü çocuklara atalarının düşmanlarından nefret etmek öğretildikçe terörizmin tohumları yaşamaya devam edecektir. Sonuçta hastalığın tedavisi için gerçek tarihin incelenmesi şarttır.

Burada Osmanlı Ermenilerinin tarihini ayrıntılı şekilde inceleyecek kadar vaktimiz yoktur ve zaten Ermeni tarihinin büyük bir kısmıda bilinmemektedir. Buradaki en önemli sorunlardan biri de bağımsız tarihçilerin uzun süre Ermeni sorunu konusunu incelemekten kaçınmalarıdır. Ermenileri incelemek yarardan çok zarar getirmektedir. Ben de kabul etmeliyim ki benim niyetim de Ermenileri incelemek değildi. Bir nüfusbilimci olarak, Osmanlı İmparatorluğu tarihinin son 300 yıldır çeşitli şekilde yazılmasına rağmen, İmparatorluk bünyesinde kimlerin yaşadığı konusunda pek bilgi bulunmaması çok ilgimi çekti. Osmanlı devletinde yaşayan milletlerin nüfusunun ne kadarının Anadoluda yaşadığı ve Osmanlı'yı çökerten savaşlar sonunda bu Anadolu çocuklarına ne olduğunu araştırmaya başladım.

Başlangıçta Ermenilerden çok daha fazla Anadolu Müslümanının öldüğünü anlayınca, Ermeniler hakkında genellikle kabul edilen şeylerde yanlışlar olduğunu gördüm. Ve gördüklerim soykırıma benzemiyordu.

Araştırmalarım sonunda elde ettiğim bulgular Türkler ile Ermeniler hakkındaki alışılmış iddiaların doğru olmadığını ispatlamaktadır. Bulguların çoğu Osmanlı nüfus kayıt programına göre toplanan nüfus istatistiklerine dayanmaktadır. Bu veriler, demografik yönden tutarlı ve sağlam veriler olup, kendi istihbaratı için Ermeni sayısını bilmesi gereken bir idarece tespit edilmişti. Bunlar hiçbir şekilde politika veya propaganda amacıyla toplanmış değildi. Çünkü bunların toplanmış olduğu 1 inci Dünya savaşı öncesinde, Osmanlı hükümeti bunların bir Ermeni sorunu tezinde kullanılacağını bilemezdi. Yani bunlar tüm dünya ülkelerinin yaptığı tipte rutin nüfus istatistiklerinden başka birşey değildi.

Bu istatistikler 70 yıldan beri mevcut olmasına rağmen bunlardan hiçbir şekilde faydalanılmamıştır. Politikacılar, teröristler ve Ermeni tarihçileri bu doğru veriler yerine kendi tahminlerini kullanmışlardır. Tabii ki, tahminler milyonlarca Ermeninin öldürülmüş ya da evlerinden alınarak sürüldüğü savına destek vermektedir. Gerçek istatistikler çok daha değişik görüntü çizmektedir.

19 uncu yüzyıl haritalarında açıkça gösterilen ve gerçekleri görmek istemeyen Avrupalı politikacıların sıkça öne sürdüğü Ermenistan savına rağmen, Osmanlı Devleti içinde Ermenistan devleti yoktu. "Türk Ermenistanı" olduğu iddia edilen bölge 'Altı Vilayet' olarak bilinirdi. Bunlar Bitlis, Diyarbakır, Van, Mamuretulaziz, Sivas ve Erzurum idi. Ve 1912'de bu altı vilayette yaşayan Ermenilerin toplamı 870.000 kişi idi.

Dolayısıyla Ermeni nüfusu altı vilayetteki tüm nüfusun beşte biri bile değildi. Altı vilayetin bazılarında Müslüman halkın sayısı Ermenilerin altı misli idi. Buna karşılık Ermeniler yalnızca Doğuda yaşamayıp tüm imparatorluğa dağılmıştı. Osmanlı Devletinin diğer kısımlarında altı vilayetteki kadar Ermeni yaşıyordu. Yine de, tüm Ermeniler doğuda toplansalardı bile Müslüman sayısı yine onların iki katından fazla olurdu. Bu sayılarla modern anlamda bir devlet kurmanın imkânsızlığı açıktır.

İkinci olarak Ermenilerin uğradığı iddia edilen soykırımı ele alalım. Talat Paşa'nın günlüğünün ortaya çıkması dışında, Paşa'nın Ermeniler hakkındaki niyetlerini ispat etmek imkânsızdır. Çünkü biz Hitler'in Yahudilere karşı girişilen soykırım hareketlerinden dolayı bir gün kendilerinden öç alınmasının söz konusu olup olmadığını soran taraftarına söylediği hiç bir belgeye dayanmayan çok ünlü *" Bugün Ermenilerden bahseden var mı?"* sözü gibi Talat Paşa'nın Ermenileri imha emirlerinin de sahte olduğunu biliyoruz.

Mevcut Osmanlı dökümanları incelendiğinde de göç ettirilen Ermenilere karşı genellikle koruyucu bir tavır gösterildiği görülmektedir. Tabii ki 1 inci Dünya Savaşı sürecinde Müslümanlar da Ermenileri öldürmüştür ve Ermeniler göçler sırasında hayatlarını kaybetmişlerdir. Mevcut dökümanlar, her ne kadar Osmanlı Devletinin niyetlerinin kötü olmadığını ispat etmiş olsada Ermeni yandaşlarının bunları gerçek olarak kabul edeceği şüphelidir. Fakat istatistikler daha kesin deliller ortaya koymakta ve 1 inci Dünya Savaş'ında Doğu Anadolu'daki durumu etnik önyargı olmadan değerlendirmeyi mümkün kılmaktadır. Çünkü istatistiklerin milleti olmaz.

Doğu Anadolu'daki tarihi olaylar tek yönlü bir katliam veya tehcir hikâyesinden ibaret değildir. 1915'in Nisanında Osmanlı-Rus Savaşlarının sonuna gelindiğinde Osmanlı devletindeki Ermeni liderleri iki değişik tavır koydular. Özellikle Ermeni iş adamları, din adamları ve eğiticiler, askerlik gibi kaçınılmaz vatandaşlık vazifelerini kabul etmelerine rağmen, tarafsız politika benimsediler. Ermeni çeteleri ise Osmanlı yönetimine karşı eylemlerini hızlandırıp Doğu Anadolu şehirlerine silah yığmaya başladılar. Öte yandan, Rusya Ermenileri de Çar'ı destekleyerek Osmanlı Ermenistanı'nı almak ve kardeşleri ile birleşmek amacıyla Ruslara katıldılar.

Bu sırada, hem Osmanlılar hem de Ruslar sınır bölgelerini boşalttılar. Osmanlı hükümeti daha önceki savaşlarda Ermenilerin Ruslara sağladıkları desteği de göz önüne alarak Ermenileri savaş bölgesi ve haberleşme noktalarından uzaklaştırma kararı aldı. Tarihi ve manevi açıdan tehcirin doğru olup olmadığı bugün tartışılabilir ama Osmanlı devletinin Anadolu'daki Ermenilerin çoğuna güvenmemesinin sebebi açıktır.

Türkler'in 1828, 1854 ve 1877-78 savaşlarında işgalci Rus ordusuna her türlü yardımı yapan Ermenilere güvenmemek için haklı sebepleri vardı. Zorunlu bir tehcir başlatıldı. Osmanlı otoritesinin zayıf olduğu bölgelerle savaş alanlarında Ermeniler çok acı çektiler. Birçok yerde Kürt eşkiyaların ve hatta bazı Osmanlı görevlilerinin saldırısına uğradılar. İlginç olan nokta, sonuncu kişiler çoğunlukla zaman Rusyadan sürülmüş ve Kafkasyadaki yurtları Ermenilere verilmiş bulunan Müslümanlardı.

Güneyde Osmanlı otoritesinin kuvvetli olduğu yerlerde ise bu tip olaylar pek olmadı ve göçmenler nisbeten rahatça Suriye'ye geldiler (Ermenilerin kendileri tarafından da bu husus onaylanmaktadır.)

Ermeni tehciri başlamadan evvel Ruslar büyük kuvvetlerle bir karşı saldırıya başlamışlardı. Osmanlı ordusunun gerisinde ise Ermeni çeteciler Van eyaletini işgal ederek binlerce Müslümanı yurtlarından sürdüler. Bu göçmenlere, sonradan Rusların işgal ettiği bölgeden 800.000 Müslüman eklendi. Savaş bitene kadar, Kafkaslar bölgesinden sürülen 400.000 Türk de bu insanlara katıldı.

Müslüman göçmenler de Ermeniler gibi Kürt eşkiyanın saldırısına uğradılar ve ayrıca Ermeni çetecileri ve Kafkaslardan gelen Ermeni gönüllüleri tarafından katledildiler. Ermeni ve Müslüman göçmenlerin kaderleri birbirlerinin ayniydi. Savaş, eşkiya, açlık ve hastalık Türk, Ermeni ayırmadan birçok kişinin hayatına maloldu.

Doğu Anadolu'da savaş sona erdiğinde, Doğu Anadolu ve Kafkasya'da 1,2 milyondan fazla Türk ve Müslüman halk yerlerinden sürülmüştü. Doğu Anadolu'da 1 milyondan fazla ve Kafkas göçmeni Müslümanlardan da 130.000 kişi hayatını kaybetmişti. Altı Vilayette ise 870.000 Ermeni yerlerinden göç etmek zorunda kalmış veya ölmüştür. Anadolu'nun tamamında 600.000 kadar Ermeni ve 2,5 milyon kadar Müslüman ölmüştür..

<u>Eğer bu bir soykırımsa, kurbanlardan daha çok katillerin öldüğü ilginç bir soykırımdır.</u> Ermenilere

yapıldığı iddia edilen sözde soykırım olayını daha açmak istersek en güçlü devlet kontrolü olan imparatorluğun başkenti İstanbul'a bakmak yeterlidir.

Osmanlı devleti için utanç verici bir olay olan 200 Ermeni politikacının mahkemesiz idam edilmesi dışında, Osmanlı yönetimi İstanbul'da kendine tehdit oluşturmayan Ermeni vatandaşlarına savaş boyunca hiç dokunmadı. Bunların çocukları halen İstanbul'da yaşamaktadır. Uluslararası soykırımın en korkuncunun gerçekleştirildiği Nazi Almanyası'nda Hitler'in Berlin'de yaşayan herhangi bir Yahudiye dokunmaması düşünülebilir miydi?

Türklerin yaptıklarının soykırım olarak tanımlanıp Osmanlı ile Naziler arasında herhangi bir karşılaştırma gülünçtür. Çünkü Türkler ile Ermeniler arasında olan olaylar soykırım değildi, bir savaştı.

1915'de Türkler ile Ermenileri birbirine düşüren bu savaş, 19 uncu yüzyılda Ruslar ile Türkler arasında olan bir seri savaşın sonuncusu idi. İşte bu savaşlar Ermenileri Anadolu'daki yerlerinden etti. 1700'lerde ilk olarak Kırım Tatarlarından Kırımı alan Ruslar, 1800'lerde Kafkaslara dayandılar. Bu bölgelerde nüfusun çoğu Müslümandı. Kendi sömürge politikaları gereği Ruslar, bu bölgelerin demografik yapılarını değiştirmeye başladılar.

Rus politikası Müslümanların sürülmesi ve yerine Hıristiyanların getirilerek yerleştirilmesişeklide iki yönlü idi. Sürülmeler barış ve savaş zamanı tüm hızıyla devam etti. 1828-1920 arasında iki milyondan fazla Müslüman yerlerinden sürüldü ve birçoğu da öldürüldü. Kaçanlar Osmanlı'ya sığındı. Kırım Tatarları, Abazalar, Çerkesler gibi birçok millet, ana yurtlarını zorla terkettiler..

Rus sömürge politikasının dayandığı diğer bir önemli nokta ise, Kırım, Rusya Stepleri ve Kafkaslara Hıristiyanların yerleştirmesiydi. Slav Hıristiyanları Kırım ve Kuzey Kafkasya'ya yerleştirildiler. Ermeniler de Güney Kafkasya'ya buyur edildiler.

1828-1829 savaşından önce Ruslar Ermenilere, Türklere karşı kendilerine yardım şartı ile imtiyazlar ve özerklik vaat ettiler. Ruslar 1828 ve 1854'te iki kere Doğu Anadolu'yu işgâl ettiler ve her seferinde geri çekilirken beraberlerinde 100.000 kadar Ermeni sempatizanını da Kafkasya'ya götürdüler. Bu Ermeniler,önceden sürülüp katledilmiş Türklerin tcpraklarına yerleştiler. (Erivan'ın nüfusunun % 80'i, 1828'den evvel Müslüman idi). 1877-78 savaşı sırasında da Ruslar Kars-Ardahan bölgesini işgâl ederek Müslümanları sürdüler ve evlerine Anadolu'dan getirdikleri 70.000 kadar Ermeniyi yerleştirdiler.

1895-1896 olayları sırasında 60.000 kadar Ermeni Kafkasya'ya geçti. Son olarak da 1 inci Dünya Savaşı sırasında Doğu Anadolu'daki 400.000 Ermeni ile Kafkaslardaki 400.000 Müslüman yer değiştirdi.

1820-1920 arasında 600.000 Ermeni'nin Osmanlı topraklarından Rusya'ya ve 2 milyon Müslümanın da Rusya'dan Türkiye'ye göç ettiği bilinmektedir. Görüldüğü gibi burada da çekilen acılar tek taraflı değildir.

Tarihi gerçek şudur; Rusya'nın genişleme politikası Kafkaslar ve Doğu Anadolu halklarının sosyal dengesini bozmuştur. Tüm bölge insanları acı çekmiştir. Ama ölen ve sürülen insan sayısı açısından bakılırsa en çok acı çekenler Kırım ve Kafkas Türkleridir.

Eğer bir soykırım kurbanı var ise, bunlar Büyük Katerina'dan başlayıp Josef Stalin'e kadar plânlı bir şekilde kendi topraklarında katledilen Kırım Türkleridir. Bunlara rağmen Müslümanların soykırım yaptıklarını kolayca iddia edenler, onların kendilerinin bir soykırımın kurbanları olduğunu kabul etmekte istekli olmamaktadır..

Buraya kadar anlattığım, kısaltılmış bir şekilde de olsa gerçeğin kendisidir. Bunlar, insan acılarının bir hikâyesidir ve bu tip hikâyelerin çoğunda olduğu gibi, içinde ne kahraman, ne bir kötü adam vardır. Yalnızca kurbanlar (Ermeni veya Türk) vardır.

Ne yazık ki, hikâye böyle anlatılmamaktadır. Tüm hikâye, bir insanlık felaketi yerine, "kötü Türk-iyi Ermeni" konusunu işleyen bir efsaneye çevrilmiştir. Bu efsane, Ermenilerin çektiği acılar anlatılarak sürdürülmektedir. Ama Türklerin çektiği benzeri, belki de daha büyük acılardan hiç bahsedilmemektedir.

Bu efsaneye Ermeni olmayanlar da inanmaktadır. Çünkü bu yüzyıllardır süren "korkunç Türk" efsanesine çok uygundur. Beş yüzyıl kadar Türklerden korkarak yaşamış Avrupalı için Ermeni soykırımı onlara öğretilen vahşi Türk kavramını belgeleyen örneklerden biridir. Ders kitapları, vaizler ve "Doğudan gelen atlılar"la ilgili halk hikâyeleri, sonunda Türkler hakkında bir önyargı doğurmuştur. Türkler hakkındaki bu sahte imaj o kadar kuvvetlidir ki ve o seviyeye gelmiştir ki artık gerçeklerden kolay kolay etkilenmez.

Türkler, Türklerin ölülerine de saygı gösterilmesini istedikleri zaman hiç bir sempati veya anlayış görmediler. Ne delil gösterirlerse göstersinler, ne söylerse söylesinler, hiçbir şekilde kimseyi kendilerine inandıramadılar ve sonunda bu adaletsizliğe itirazdan vazgeçtiler. Kendilerini Atatürk'ün liderliğinde yeni Cumhuriyeti kurmaya adadılar. Çünkü modern millet yaratmanın "korkunç Türk" imajına karşı en etkili silah olduğunu anlamışlardı.

Türkler bunda büyük oranda başarılı oldular. Avrupa ve ABD'deki politikacılar ve devlet adamları Türkleri dost ve müttefik olarak kabul ettiler. Fakat Türklerin sessizliği Ermeni efsanesini yok etmekte etkili olamadı. Kendi davalarına inanmış, iyi eğitilmiş ve kitle iletişiminin önemini kavramış bazı Ermeniler kendi çocuklarının da davaya inanmalarını sağlayıp, bu sahte soykırım görüntüsüne devam ettiler.

Bu makaleyi yazarken posta kutumda bir kitap buldum. "Modern Middle East and North Africa" adındaki bu kitap Lois Aroian ve Richard Matchell adlı yazarlarca yazılmıştı.. Tabii ki, büyük bir ihtimalle Orta

Doğu tarihi ile ilgilenen her profesöre 1 kopya yollanarak pazarlanmaya çalışılıyordu. Bu kitapta, "Ermenilerin Sonu" adlı bir bölüm var. Oradan birkaç cümle alacağım;

"...Tüm Anadolu' daki Ermeniler Güneye veya Doğuya, Suriye çöllerine doğru sürülmeye başlanıldı. Türk ve Kürt kuvvetleri onların dinlenmesine imkân tanımadıkları gibi, onlara yiyecek ve su vermediler. Yolda binlercesi öldü. Sağ kalanların çoğu da Fırat üzerindeki Dayr-El-Zor'a eriştikleri zaman öldürüldü. Doğuda yakalanan Ermenilerin birçoğu anında katledildi...".

Bu kitap'da ayrıca "..Tarihçiler kaç Ermeninin öldüğünü tespit edemediler.." şeklinde bir ifade de vardı. Bu ifade beni özellikle üzdü, çünkü ben bu işi çok iyi yaptığımı sanıyordum.

Ermenilerin kayıpları hakkındaki bilgi eksikliği ise şöyle açıklanmaktadır; "... Osmanlı hükümeti bu hikâyeyi yazabilecek olan Ermeni aydınlarını, yazar, öğretmen, iş adamı ve önde gelen kilise mensuplarının büyük bir kısmını önce hapsetti sonra da katletti". Sonunda, bu kadar delil eksikliğine rağmen yazarlar bir sayı tespit edebilmişler ki, şöyle diyorlar, " Hükümetin idam ettiği 200.000 kişi de dahil olmak üzere tarihçiler 1,5 milyon kadar Ermeninin ölmüş olacağını kabul etmektedirler".

Bu kitapta, Ermeniler hakkında yazılanlardan bazısı kısmen doğru, bazısı tamamen yanlış, fakat hiçbirisi tamamen doğru değildir. Ders kitabı yazma işlevinin en büyük kolaylıklarından biri iddialarınızı ispat etmek zorunda olmamanızdır.

"Tarihçiler genellikle kabul ederler ki" gibi bir ifade yeterli sayılır. Bu kitabı okuyan kişinin yalnızca Ermenilerin acı çektiğine inanması doğaldır, çünkü kitap çağlar boyunca ölüp giden Müslümanlar için yalnız şu yarım cümleyi ayırmış bulunmaktadır;".. Anadolu'daki Yunan, Kürt ve Türk sivil halk da açlık ve hastalıklardan ölmüşlerse de onlardan hiçbiri organize bir kampanya ile katledilmedi ". Doğal olarak Türklere yapılan organize

Ermeni ve Yunan saldırılarından hiç bahsedilmemektedir. Türk Milli Kurtuluş Savaşı'nın bütününe ise yalnızca iki paragraf ayrılmıştır.

Bazı Ermeni ve diğer bilim adamları tarafından yazılan kitapların aksine, bu kitap Türklere karşı bir Ermeni polemiği yaratmak amacını gütmemektedir. İyi yazılmış, güzel basılmış bir ders kitabıdır. Birçok öğretim üyesi ve öğrenci için çekici gelecektir. Kısaca bu efsane böylece devam etmektedir.

Ermeni ve Türkler hakkındaki tarihin saptırıldığı bu tür örnekler çok fazladır. "Ermeni sorunu", yarı gerçekler ve saptırmalar olmadan yazılmamaktadır. ABD ve Batı Avrupa'da bir "yapma tarih" rüzgârı esmektedir.

Ermeni sözcüleri Nazi Almanya'sındaki soykırımın acılarını hiçbir zaman unutmamaya niyetli olan bir grupla dayanışmaya girmiş ve Ermenilerin yaşadığı olaylar bir Yahudi soykırımının provası gibi anılmaya başlanmıştır. Televizyon gösterileri ve gazete makaleleri bu sahte efsaneyi tekrarlayıp güçlendirmektedir., Avrupalı ve Amerikalılar da gerçeği hiç duymadıklarından bunlara kolayca inanmaktadırlar. Yeni kuşak Ermeniler ilerde onları teröre sürükleyecek hikâyeler öğrenmektedirler.

Çıkarılacak sonuç çok açıktır. Suskunluk bir işe yaramamaktadır. Eğer aksi ispatlanmazsa, tarihi yalanlar yaşamaya devam edecektir. Ermeni çocukları, dedelerinin Müslüman Türkler tarafından öldürüldüğüne inandıkça, bazıları intikam amacıyla cinayet işlemeye devam edeceklerdir. Küresel kamu vicdanı da Türklerin suçlu olduğuna inanmaya devam ettiği müddetçe, bu katilleri durdurmak için pek fazla bir şey yapılamayacaktır.

Bu sorunun çözümü zordur. Gerçekler korkusuzca ifade edilmelidir. Korkusuzca diyorum, çünkü Amerikalı bir Profesör olan , Stanford Shaw, Ermenilerin kaderi hakkında yaptığı açıklamalardan dolayı ailesiyle birlikte pekçok saldırıya uğramıştır.

"Korkunç Türk" imajına inanç devam ettiği müddetçe gerçeklere belki de kulak verilmeyecektir. Fakat artık gerçeklerin söylenmesi gerekir. Bilim adamları, özellikle Avrupalı ve Amerikalı eğiticiler, tarihi tarafsız ve önyargısız şekilde incelemelidirler. Bu yapılırken, Türkler de bu araştırma için gerekli tüm arşivleri ve dökümanları araştırıcılara sunmalı, Rus ve Ermenilerin de kendileri gibi yapmalarını talep etmelidir.

Tabii ki hızlı bir çözüm bulunamayacaktır. Ve genç Ermenilerin, davalarının haklı olmadığını anlamaları için uzun yıllar geçecektir. Benim fikrime göre, eğer Osmanlı Ermenilerinin gerçek tarihi otuz yıl önce yaygın olarak bilinse idi, bugün Ermeni terör faaliyeti diye bir sorun olmazdı. İşte tarihçiler olarak vazifemiz, bu ifadenin otuz yıl sonra da geçerli olmamasını sağlamaktır.

Söze başlarken, Ermeni terörizmine karşı en etkili silah tarihin incelenmesidir demiştim. En etkili silahın gerçek olduğunu söylemek daha da doğru olacaktır..."

Amerikalı tarihçi Justin Mc Carthy'nin söylemleri bu kadar. Bunlar olaylara tarafsız bir gözle bakması gereken gerçek bir bilim adamının sözleri. Ben bunların her kelimesine katılıyorum ve altına imzamı atıyorum..

Bu sözlerin üzerinden 31 yıl geçti. Bu süre yeni bir neslin yetişmesi için yeterli bir zamandır. Geriye dönüp baktığımızda geçen 31 yıl içinde kendi çocuklarımıza ne verdik? Sözde Ermeni yalanları ile mücadele edebilecek bir nesil yetiştirebildik mi?

Hiç bir şey yapamadık. Uluslarası camiada İşçi Partisi Genel Başkanı Doğu Perinçek ve kurduğu Talat Paşa Komitesinin çok başarılı faaliyetleri dışında devletçe hiç bir olumlu tepkimiz olmadı. Keşke olsaydı..

ERMENİSTAN'IN İLK BAŞBAKANI OVANNES KAÇAZNUNİ'NİN İTİRAFLARI

Başbakan Ovannes Kaçaznuni

Ermenistan Devletinin ilk Başbakanı Ovannes Kaçaznuni'nin 1923'te Bükreş'te yapılan Ermeni meselesi ile ilgili Taşnak Partisi konferansında sunduğu tebliğ metni sözde Ermeni soykırımı iddialarının dayandığı temelleri çürütmesi bakımından önem taşımaktadır. Rus arşivlerinde bulunup kitap haline getirilen 128 sayfalık "Kaçaznuni Raporu", Ermeni tarihinin çok önemli bir devrine ışık tutmakta ve tarihçiler için vazgeçilmez bir kaynak belge niteliği taşımaktadır.

Yıllarca sözde soykırıma uğradıklarını iddia ederek dünya kamuoyunu baskı altına almaya çalışan Ermenilerin tüm sahte tezlerini çürüten ilk başbakanları, 128 sayfalık raporunda çok çarpıcı şu ifadelere vermiştir;

- **Operasyona katıldık:**

121

1914 sonbaharında, Osmanlı Devleti'nin henüz savaşan taraflardan birine katılmadığı dönemde, Güney Kafkasya'da büyük gürültüyle enerjik biçimde Ermeni gönüllü birlikleri oluşturulmaya başlandı. Birkaç hafta içinde Ermeni Devrimci Taşnaksutyun Partisi hem bu birliklerin kurulmasına hem Osmanlı Devletine karşı gerçekleştirdikleri askerî kareketlere aktif biçimde katıldı.

- **Barışı sabote ettik:**

Türklere karşı ayaklandık. Barışı sabote etmek için savaştık bile. Artık hepimiz Türkler'in düşmanı olan İtilaf devletlerinin kampındaydık. Türkiye'den "denizden denize Ermenistan" talep etmekteydik. İtilaf devletlerinin ordularını Türkiye'ye göndermesi ve hâkimiyetimizi temin etmeleri için Avrupa ve Amerika'ya resmî çağrılar yaptık. Nihayet şu da var ki, var olduğumuz sürece aralıksız olarak Türkler'le savaştık. Öldük ve öldürdük. Artık, Türklere ne gibi bir güven telkin edebiliriz ki?

- **Gerçekleri göremedik:**

Askerî operasyonlara katıldık. Kandırıldık ve Rusya'ya bağlandık. Tehcir doğruydu ve gerekliydi. Gerçekleri göremedik, olayların sebebi biziz. Aslında Türklerin millî mücadelesi haklıydı. Ermeni halkının Barışı reddetmesi ve silahlanması büyük bir hataydı.

Türklere karşı ayaklandık ve savaştık. Sevr Antlaşması gözümüzü kör etmişti. Bizim isyanımızın temelinde İtilaf devletlerinin Ermenilere vadettiği büyük Ermenistan hayali vardı. Ama biz hiç bir zaman devlet olamadık. Türkiye Ermenistan'ı diye bir devletin hayalden öte olmadığı gerçeğini göremedik.

- **Aklımız dumanlanmıştı:**

Biz Ermeniler kayıtsız şartsız Rus çarlığına yönelmiş durumdaydık. Herhangi bir gerekçe yokken zafer havasına kapılmıştık. Sadakatimiz, ve yardımlarımız karşılığında Çarlığın Ermenistan'ın bağımsızlığını bize armağan edeceğinden emindik. Aklımız dumanlanmıştı. Kendi isteğimizi başkalarına maledip, sorumsuz kişilerin

122

sözlerine büyük önem vererek, kendimize yaptığımız hipnozun etkisiyle, gerçekleri anlayamadık ve hayallere kapıldık.

- Türkler doğru yaptı:

1915 yaz ve sonbahar döneminde Türkiye Ermenileri zorunlu bir göçe tâbi tutuldu. Türkler ne yaptıklarını biliyorlardı ve bugün onların pişmanlık duymalarını gerektirecek bir husus mevcut değildir. Bu yöntem en kesin ve uygun olanıydı. Kızgınlık ve korku içinde bulunan biz Ermeniler, 'suçlu' arıyorduk ve bu suçluyu Rus Hükümeti ve onun kalleş politikası olarak belirledik. Siyasal açıdan olgunlaşmamış ve dengesiz insanlara özgü bir şaşkınlık içinde, bir uçtan diğerine savrulmaktaydık.

Rus Hükümeti'ne karşı dünkü inancımız ne denli körükörüne ve temelsizse, bugün yaptığımız suçlamalar da o denli körükörüne ve temelsizdi. Taşnaksutyun Partisi olarak biz, meselemizin Rusları ilgilendirmediğini ve onların gerektiğinde bizim cesetlerimizi çiğneyerek geçip gidebileceklerini unutmuştuk.

- Barış teklifini reddettik:

1914-1918'de emperyalistlere karşı verdikleri savaşlarında bozguna uğrayan Türkler, direnerek iki yıl içerisinde tekrar kendilerine geldiler. Yeni genç ve milliyetperver duygularla hareket eden bir nesil ortaya çıkarak, Anadolu'da kendi ordusunu yeniden organize etmeye başlamıştı. Türkiye'de millî bilinç ve kendisini savunma içgüdüsü uyanmıştı.

Onlar küçük Asya'da istiklâllerini hiç olmazsa bir şekilde temin edebilmek için Sevr Antlaşması'na askerî güçle karşı koymak zorundaydılar. Bizim bu dönemde barışı reddetmemiz ve silahlanmamız ise büyük bir hataydı. Çok geçmeden sınırlarımıza askerî operasyonlar başladığında, Türkler bizimle bir araya gelmeyi ve görüşmelere başlamayı teklif ettiler. Biz ise onların bu teklifini geri çevirdik. Buda büyük bir hataydı. Bu, görüşmelerin kesin olarak başarıyla sonuçlanacağı anlamına gelmezdi ama bu görüşme sürecinde barışçı bir sonuca ulaşma ihtimalî vardı.

- Herkes bizi kandırdı:

Kaderden şikâyet etmek ve felaketlerimizin sebeplerini kendi dışımızda aramak çok acıklıdır. Bu bizim hastalıklı millî psikolojimizin karakteristik bir özelliğidir, Taşnaksutyun Partisi de bundan kaçamamıştır. Çünkü isteyen herkes, Fransızlar, İngilizler, Amerikalılar, Gürcüler, Bolşevikler tek kelimeyle bütün dünya bizi kolayca aldattı, atlattı ve ihanet etti. Oysa bizler safça bu savaşın Ermeniler için yapıldığına inandırılmıştık.

Osmanlı'dan, Akdeniz'e uzanan bir Ermenistan talep ettik. Derhal gönüllü birlikleri oluşturduk, Türklere karşı ayaklandık ve savaştık. İsyanımızın temelinde İtilaf Devletlerinin vadettiği Ermenistan hayali vardı, gerçeği göremedik.

Diapora Ermenilerinin yalanlarının başlamasını ve gerçek sebeplerini Ermenistan Başbakanı Kaçaznuni'in bu itiraflarında açıkça görüyoruz.

1923'de yapılan *"... Çünkü isteyen herkes, Fransız, İngiliz, Amerikalı, Gürcü ve Bolşevikler; tek kelimeyle bütün dünya bizi kolayca aldattı, atlattı ve ihanet etti. Oysa bizler safça bu savaşın Ermeniler için yapıldığına inandırılmıştık."* İtirafının üzerinden tam 92 yıl geçmiştir. Fakat Ermeni toplumu hâlâ kandırılmaya ve küresel güçler elinde oyuncak olmaya devam etmektedir..

PROF. DR. NORMAN STONE; ERMENİ SOYKIRIMI YOKTUR. BEN HAPSE GİRMEYE HAZIRIM

Koç Üniversitesi Öğr. Üyesi Prof.Dr. Norman Stone

Aşağıdaki satırları kaleme alan Prof. Dr. Norman Stone, ünlü bir tarihçidir. Uluslararası ilişkiler alanında yakından bilinen saygın bilim adamı Prof. Dr. Norman Stone, İngiltere eski Başbakanı Margaret Thatcher'e uzun süre dış politika danışmanlığı yapmıştır.

Tarih çalışmaları büyük bir ilgi ile izlenen Prof. Stone, alanında önemli ödüllerden biri sayılan Wolfson Ödülü sahibidir.

Koç Üniversitesinde öğretim üyesi olarak görev yapan Prof. Dr. Norman Stone bu görüşleri ile bütün bilim adamlarımıza örnek olacak bir dik duruş sergilemiştir. Ermeni baskısı altında susmayı tercih eden sözde aydınlarımızın Prof.Dr. Norman Stone'nun davranışından alacakları büyük dersler olduğunu değerlendiriyorum.

Prof. Dr. Norman Stone'un bu makalesi 21 EKİM 2006 tarihli günlük gazeteler ile İnternet haber sitelerinde yayınlanmıştır. Makaleyi aynen sunuyorum;

Ermeni soykırımı yoktur.
Ben hapse girmeye hazırım:

'Ermeni soykırımı emperyalist bir komplodur.' Marksist bir üslup içinde böyle dile getirmişti Sayın Doğu Perinçek ve bunu İsviçre'de söylemeyi tercih etmişti.

İsviçre, 1915'de Osmanlı Ermenilerinin soykırıma tabi tutuluğunu inkâr eden herhangi bir kişiye hapis cezası öngören bir yasayı kabul etmişti ve Doğu Perinçek sırf buna karşı çıktı diye polis tarafından sorguya çekilmişti.

Ne yazık ki diğer ülkelerde de benzer olaylar cereyan ediyor. Ve şimdi de Fransız parlamentosu İsviçre'den daha sert bir yasayı onaylamış durumdadır. Soykırım yoktur diyenlere bir yıl hapis ve ağır para cezası verilecektir.

Bu saçma, gülünç ve de rezilce bir iş. Tarihin karalanması ve ondan geri kalmayan son derece popülist politikalar. Ne ironiktir ki hırsızlık yapmak istediği evin çatısından düşen ve feci şekilde yaralanan hırsız, ev sahibini mahkemeye veriyor: Sonuç, uğradığı kaza dolayısıyla kendisine ödenen zarar miktarı 1milyon dolar!

California'da Ermenilerin soyundan gelen diaspora üyelerinin sınıf eylemleri de, 1915 tarihine giden iddialar nedeniyle Deutsche Bank'ı silkeledi ve 17 milyon dolar topladı; daha sonra aynı şeyi bir Fransız sigorta şirketiyle denemeye çalıştılar. Tümüyle emin olabiliriz, Türkiye'nin bugün fazla dikkate almadığı mali yaptırımlar "soykırımı tanıması" durumunda mali iddialar olarak da biribiri peşi sıra gelecektir.

Türkler soykırım yapmadı:

Ancak Türkiye, bunu kabul etmeyi reddederse, tamamen iyi bir zeminde kalacaktır. Söylenmesi gereken husus, "soykırım" işinin hiçbir zaman kanıtlanmadığıdır.

Gösterilen en iyi kanıtlar dolaylı düzeyde ve İngilizler, İstanbul'u işgâli sırasında hiçbir zaman direkt bir kanıt ya da belge bulamadı. İngilizler, Türklere karşı kanıt bulmak amacıyla önde gelen bazı Türkleri Malta'da tutsak etti; ancak hiçbir şey bulamadılar.

İngilizler, Amerikalılara bir şey bilip bilmediklerini sorduklarında aldıkları cevap sadece 'hayır'dı. Sonuç, olduğu iddia edilen "soykırımın" hiçbir zaman doğru düzgün bir mahkeme sürecine konu olmamasıdır.

İngilizler, Türk esirleri bıraktılar ve adi biçimde onların Malta'dan ülkelerine dönebilmeleri için gerekli yol parasını ödemeyi de reddettiler. Bu olayın meydana gelmesinin ardındaki nedeninin milliyetçi Türklerin İngiliz yetkililerini rehin tuttuğu yönünde karşı iddialar da mevcut; ancak gerçek şu ki, kanun adamları açık bir biçimde tutsaklarını yargılamak için ellerinde yeterli kanıtın olmadığını söyledi.

Diaspora Ermenileri, tarihçilerin soykırım davasını kabul ettiğini söylüyor. Ortada, diasporanın çizgisini onaylayan "soykırım uzmanları birliği" olarak nitelenen saçma bir örgüt var; ancak bunlar kim ve ne tür ehliyetlere sahipler?

Ruanda, Bosna ve hatta Auschwitz hakkında bir şeyler biliyor olmak onlara hiçbir zaman 1915'teki Anadolu için tartışma salahiyeti vermez, ayrıca Osmanlı Devleti uzmanları hiçbir şekilde soykırım yapıldığına ikna olmamıştır.

Aslında, diaspora çizgisini hiçbir zaman kabul etmeyen ayrı bir tarihçiler "takımı" bulunmaktadır. Fransa'da Selanik tarihçisi ve müthiş bir bilgin olan Gilles Veinstein, L'Histoire'de 1993 yılında yayınlanan o ünlü makaledeki kanıtı yeniden inceledi. O zaman da

Ermeni diasporası hop oturup hop kalkıyordu ve Gilles Veinstein, tarafsızca, takdire şayan bir şekilde soykırım iddiaları ve aksi argümanları özetledi.

Gerçek şu ki, ortada bir "soykırım" kanıtı yok, bir bakıma Ermenilerin imha edildiğini gösteren hiçbir belge ortaya çıkmadı. Ancak düzmece bir kanıt var. 1920 yılında, Andonian isimli bir gazeteci tarafından İngilizlere verilen bazı belgeler var. Andonian, bu belgelerin kendisine Naim ismindeki bir Osmanlı yetkilisi tarafından verildiğini iddia ediyordu. Belgeler, İngilizce ve Fransızca olarak bir kitapta yayınlandı ve eğer bunları itibari değere alırsanız etkileyicidir.

Burada valilere Ermenileri katletmelerini söyleyen bir Sadrazam Talat Paşa vardır, tabii yetimhanelerdeki çocuklar da katledilecek; ancak her şey gizli tutulacaktır.

Ermeniler düzmece dokümanları öne sürüyor:

Ancak dokümanların düzmece olduğu çok açıktır. Tarihler ve imzalarda çok basit hatalar yapılmıştır. 1920 yılında, yeni Ermeni Cumhuriyeti dağılıyordu. Kazım Karabekir, Kars'a (hiç direniş olmadan düştü) ilerliyordu ve Türk milliyetçileri Moskova ile işbirliği yapıyordu.

Aslında ortada bir pazarlık vardı. Türkiye Azerbaycan'ı terk edecekti ve Rusya da Anadolu Ermenistan'ını terk edecekti. Ermeniler çaresizdi. Ve Trabzon'a asker çıkaran İngiliz askerlerinin müdahale etmesine ve kendilerini korumalarına muhtaçtı.

Bununla birlikte, İngiliz'in (daha fazla Fransız) Küçük Asya'da yeteri kadar problemi zaten vardı ve esas mutluluk yeni Türkiye'ye yerleşmekti. Önde gelen Ermeni "soykırımcısı" V. Dadrian hâlâ tutkulu bir biçimde bu belgelerin doğruluğunu savunuyor; ancak bu çabalar onun uzmanlığına fazla bir itibar sağlamamaktadır.

Örneğin, belgelerin yazılı olduğu beyaz kâğıdın Halep'teki bir Fransız okulundan geldiği yönündeki iddiaya karşın Dadrian, o dönemde kâğıt sıkıntısı olduğu yanıtını veriyor. Tabii, yönetimdeki Osmanlı valisi Fransız bir okul müdürüne kendilerinin okul kâğıdını kullanıp kullanamayacağını sormuştu? (İhtimal dâhilinde değil.) Naim-Andonian belgeleri hiçbir mahkemede test edilmedi.

İngilizler onları kullanmayı reddetti ve bir Alman mahkemesi ise onları bir kenara salladı. Sonra ortadan yok oldular. Tüm 'soykırım' kanıtının bu belgelerden ibaret olduğu göz önüne alınırsa kaybolmamalarını beklersiniz değil mi? Aksi halde, bir İngiliz mahkemesinin "ikincil kanıt" kararıyla kalakalırsınız.

Bir tanık, başka bir tanığın başka birisine söylediği bir şeye tanıklık ediyor. Böyle bir şey kesinlikle kanıt sayılmaz. Son üç yıldır Ermeni tarihçiler açık biçimde iki düzine ülkede neler bulunduğunu araştırmak için dilencilik ediyor.

Örneğin, Danimarka arşivinde. İçerikleri ise bizim daha önce bildiklerimiz. Savaş sırasına Anadolu'nun birçok yerinden göç ettirilen çok sayıda Ermeni'nin öldürüldüğü ya da öldüğü. Osmanlı, bir ırkı imha etmeye mi niyetlendi, ya da sadece çok berbat geçen bir sınır dışı mı vardı? Bu hususa sıra gelince uzmanlar bölünüyor.

Yolunda gitmeyen bir sınır dışı pek çok ehliyetli tarihçinin hükmüdür. Bernard Lewis, Heath Lowry, Justin Mc Carthy, Yusuf Hallaçoğlu. Eski alfabeyi ve geçmişi bilen diğer tarihçiler bunun çok önceden tasarlanan bir imha kampanyası olduğuna inanıyor ve bu tarihçilerin bazıları Türk (Mete Tunçay, Selim Deringil gibi).

Kitabı savaş suçları yargılamalarına dayanan bir Türk tarihçi Taner Akçam, İngiliz işgali sürecinin ilk dönemlerinde katliamlar olduğunu yazıyor ve soykırım tezini kabul ediyor (sürecin Nazi Almanyası'nda Nazilere karşı yapılanlar ile asla karşılaştırılamayacağına vurgu yapsa da).

Uzmanların bu görüş ayrılığı düşünüldüğünde, Fransız ya da başka bir parlamentonun cevabının ne olduğuna dair hüküm vermesi açıkça kepazeliktir. Ancak dahası kötüdür. Çünkü Ermeni diasporası aşırı derecede intikamcıdır.

Misal olarak; Gilles Veinstein tarafsız makalesine ödül olarak bir iftira kampanyası ile karşı karşıya kaldı. Veinstein, seminer vermeleri için ülkedeki en iyi uzmanları seçen "College de France" için aday olmuştu.

Ancak, Ermeni diasporası ona karşı da bir kampanya başlattı, nedense ve özellikle matematikçiler arasında. Ekonomi politik profesörlerinden birine, bir bütün olarak Fransız tarihçilerin Veinstein'i desteklediği ve soykırım tezini sevmedikleri söylenince onun çevabı, 'Onların tümü Osmanlıcı' oldu. (sanki bu onları ehliyetsiz kılıyordu)

Gerçek şu ki Ermeni diasporası bu iddialarını doğru düzgün bir mahkeme sürecine taşımadı. Bunun yerine, Veinstein gibi adamları susturmaya çalışıyorlar.

İki yıl önce bir Amerikan yayınında olağanüstü bir olay vardı. Prof. Dr. Gunther Lewy Massachusetts Üniversitesi'nde bir bilimadamıdır. Çok iyi bilinen bir tarihçi ve modern Alman tarihi üzerine birkaç kitabı bulunan Lewy, Alman dokümanları çerçevesinde Ermeni katliamları üzerine kitap yazdı.

Kitap özellikle değerliydi; çünkü Dadrian'ın, Alman kanıtını nasıl da eğip büktüğünü açıkça gösteriyordu. Lewy, her zamanki yayıncısına, Oxford University Press (New Yorkta) bu kitabı önerdi. Bir komisyon tarafından hazırlanan rapor Lewy'nin çok büyük yanlışlar yaptığını iddia etti.

Ne yanlış olmaması için uğraştılar ne de herhangi birinin kolayca girişebileceği gibi küçük değişikliklere gittiler. Lewy'nin kitabının metni "Türk inkârcılarının konuşmaları" damgası vurulup reddedildi. Lewy, bir başka yayınevini, University of Utah Press'i buldu. Bu defa karşısına ne çıksa beğenirsiniz. ABD'de oldukça kıdemli bir Ermeni tarihçisi Richard Hovannisian

(California Üniversitesi), bu yayını basan üniversiteyi Başkan Bush'a şikâyet eden bir protesto yazısı yazdı..

Fransa'da gerçeği haykırmaya hazırım:

Bu arada aklıma gelmişken Hovannisian'ın yazdığı "Bağımsız Ermenistan Tarihi" isimli eserinin son iki cildi iyi kaleme alınmış ve tarafsız. Bazı açılardan klasik bir tarihi yazı bile denebilir (daha önce yazılan iki cilt aynı sınıfta değildi).

Şimdi, ortada yanlış olan bir şey var. Doğru olduğuna inanıyorsan, o zaman kanıtın bizzat kendisinin konuşmasına izin vereceksin, muhalefetle karşılaşırsan şu veya bu şekilde tezinin kazanmasını umut edeceksin.

Karşı sesleri susturma çabaları, konferansları boykot etmeler, Prof. Dr. Justin Mc Carthy'e yapıldığı gibi, kabadayılık etmek ya da yabancı politikacıları manipüle etmek. Bütün bunların tümü Ermenilerin kendilerinin de davalarının çok güçlü konumda olmaktan uzak olduğunu bildiklerini göstermektedir.

Her halükarda, bu lalettayin şeyler Ermenistan için hiçbir yarar sağlamaz. Türkiye'nin doğusuna ve Kars'a giderseniz, sınırdan karşıdaki Ermenistan'a bir bakın. Bu ülke çok fakirdir ve Türkiye ile ticaret başlamazsa öyle kalmaya da devam edecektir. Tek endüstri, Moskova ve Bağımsız Cumhuriyetlerin verdiği vizeler sayesindedir. (Yani Türkiye'de işçi olarak yaşayan 100 bin eski Sovyet Ermeni'sidir).

Bu Ermenistan, Diaspora Ermenilerinin parasının sırtından geçiniyor. (ve Amerikan fast food yerlerinin yaygınlaşması şimdi halkın daha fazla obez olması anlamına geliyor). Sovyetler döneminde Ermenistan'ın nüfusu 3 milyona yaklaşıyordu.

Daha sonra bağımsız oldular ve Karabağ savaşı patlak verdi. Ermenistan nüfusu gittikçe azalıyor ve şu an bir buçuk milyonun üzerinde değildir. Burada absürd olan bağımsızlığın Ermenilerin, 1915'te yok olduğunu varsaydıkları tüm nüfustan iki kat daha fazlasını kaybetmesine neden olduğudur. Diğer bir deyişle, tüm samimiyetimle söylüyorum ki bu saçma işin özünde bir hastalık vardır.

Türkiye ne yapmalı?

Eğer Fransız yasası onaylanırsa, o zaman Türkler eyleme geçmek için hazır olmalıdır. Aksi takdirde tazminat için devasa rakamlar ödeme riski ile karşı karşıya kalacaktır. Bunun için örgütlenmek lazımdır.. Ben gönüllü olarak Fransa'da sıkıntı çıkarabilirim. Halka açık bir konferans vermek ve tüm "Ermeni soykırımı" tezi içinde neyin yanlış olduğuna işaret etmek benim için çok kolay olurdu. Aslında sadece Gilles Veinstein'in makalesini de okuyabilirim (ya da o dönemin önde gelen ismi olan Alman General Bronsart von Schellendorf'un bir makalesini).

Fransız hükümeti muhtemelen bir süre için beni cezaevine koymak için yeteri kadar sıyırmış olacaktır. (aslında bu suçu, çok sayıda Afrikalının köle ticaretine dâhil edildiğine işaret etmek olan ve bazı kölelerin bu ticaretin kendilerini yamyamlıktan koruduğu için götürülmeye gönüllü olduğunu yazdığı gerekçesi ile cezalandırılan saygın bir Fransız tarihçiye de yapılmıştı).

Ancak birisinin çıkıp da, parlamentonun reel yetkisinin saçma bir şekilde suistimal edilmesine ve neredeyse yüz yıl önce ve iki bin kilometre uzaktaki ve dilini bugün çok az sayıda insanın konuşabildiği bir ülkedeki bir olay hakkında tarihçilere neleri söylemeleri gerektiğini dikte eden bir parlamentoya karşı bir duruş benimsemesi gerekmektedir.

BAĞIMSIZ ERMENİSTAN'I KURAN SEVR ANTLAŞMASI HALÂ GEÇERLİ Mİ?

Sevr Antlaşması'nı İmzalayan Osmanlı Heyeti

Ermeni propagandası kendilerine Türkiye toprakları üzerinde bağımsız bir Ermenistan Devleti vaat eden Sevr Anlaşmasının kendileri açısından halâ geçerli olduğunu iddia etmekte, buna dayanarak Sevr'de öngörülen Ermeni topraklarının Ermeni toplumuna iade edilmesi gerektiğini savunmaktadır.

Sevr Anlaşmasını imzalayan devletler, anlaşmanın yürürlüğe giremeden ortadan kalktığını ve yerini Lozan Anlaşmasının aldığını, imzalarıyla tasdik etmişlerdir. Bu gerçek ortada olmasına rağmen böyle saçma ve ulaşılması imkânsız olan boş bir hayali meşru olarak kabul etmek gayri hukuki ve gayri ahlâkidir.

Sevr'in yanında Ermenilerin devlet olarak sadece kendilerinin imzaladıkları bazı anlaşmalar da mevcuttur. Bunlardan biri de Batum Anlaşması'dır. Bilindiği gibi Taşnak Komitesi 28 Mayıs 1918'de Erivan'da bir Ermeni

Cumhuriyeti ilân etmiştir. Osmanlı Devleti de Ermenilerle 4 Haziran 1918'de yaptığı Batum Anlaşması ile Ermeni Cumhuriyetini resmen tanımıştır.

Bu antlaşmayı imzalayan Ermenistan Cumhuriyeti Dışişleri Bakanı Hadisyan'ın söylemlerine kulak verelim;

" Türkiye Ermenileri artık Osmanlı Devletinden ayrılmayı düşünmüyorlar. Türkiye'deki Ermenilere ilişkin sorunlar Osmanlılar ile Ermeni Cumhuriyeti arasında görüşme konusu bile yapılamaz. Osmanlı İmparatorluğu ile Ermeni Cumhuriyeti arasındaki ilişkiler mükemmel durumdadır ve gelecekte de böyle olmalıdır. Bütün Ermeni siyasi partileri bu konuda aynı görüşte birleşmiştir. Bu iyi komşuluk ilişkilerinin sürdürülmesi Dışişleri Bakanı olduğum Ermeni Hükümetince izlenen programın başlıca noktalarından biridir ."(1)

Taşnak yayın organı Hairenik Gazetesi, 28 Haziran 1918 tarihli nüshasında şunları yazmıştır:

" Rusya'nın Osmanlı Devletine karşı güttüğü düşmanca politika Kafkasyada yaşayan Ermenileri de cesaretlendiriyordu. İki dost unsur arasındaki çatışmalara Kafkas Ermenileri neden oldu. Çok şükür ki, bu durum uzun sürmedi. Rus devrimi sonrasında Kafkas Ermenileri selâmetlerinin yalnızca Türkiye'de olduğunu anladılar ve ellerini Türkiye'ye uzattılar.

Türkiye de geçmişte olanları unutmamak istedi ve uzatılan eli dostluk ruhu ile sıktı. Artık Ermeni sorununun çözümlenmiş ve tarihte kalmış olduğunu kabul ediyoruz. Yabancı ajanı durumunda olan birtakım maceraperestlerin eseri olan karşılıklı güvensizlik ve düşmanlık duyguları artık ortadan kalkmalıdır (2)."

---

(1) SCHEMSI. Kara: Turcs et Armeniens devant l'Histoire, Genere. Imprimeric Nationale, 1919, sayfa 31

(2) SCHEMSI. Kara: Turcs et Armeniens devant l'Histoire, Genere. Imprimeric Nationale, 1919, sayfa 32

Sadece bu iki belge dahi bugün halâ Sevr peşinde koşanların tezlerini çürütmeye yetecek niteliktedir. Bugün ABD kongresinden soykırım tasarısının kabulü için karar geçirmeye çalışan ABD senatör ve milletvekillerinin kapalı duran gözlerini açmak için ABD Generali James G. Harbord'un raporunu gözlerinin içine sokmak lazımdır.

Paris Konferansı Ermenistan'ın sınırları konusunu ABD Başkanı Wilson'un hakemliğine bırakmıştır. Başkan Wilson da General James G. Harbord başkanlığındaki bir Amerikan heyetini incelemelerde bulunmak üzere 1919 yılı sonbaharında Türkiye'ye yollamıştır. 1919 Eylül ve Ekim aylarında Büyük Ermenistan olarak anılan bölgeyi de kapsayacak şekilde Türkiye'de bir seri incelemeler yapan Harbord heyeti gezi sonuçlarını bir rapor halinde ABD Kongresine sunmuştur.

Gerçekleri dile getiren Harbord raporunun sonuç bölümündeki ifadeler çok açıktır;

"... Türkler ile Ermenilerin daima barış içinde asırlarca yanyana yaşadıkları; tehcir sırasında Türklerin de Ermeniler kadar acı çektiği; Türk köylerinin yakıldığı, savaşa giden Türk köylülerinden ancak %20' sinin geri dönebildiği; 1 inci Dünya Savaşının başında Ermenilerin, Türkiye Ermenistanı bölgesinde hiçbir zaman çoğunluk olmadıkları; tehcir edilen Ermenilerin geriye dönmeleri durumunda tek yerleşim merkezinde dahi çoğunlukta olamayacakları; geri dönen Ermenilerin ise tehlike içinde bulunmadığı, olaylara ilişkin anlatılan acıklı ve korkunç iddiaların doğru olmadığının tespit edildiğini " (3).

ABD Kongresi bu rapor üzerine 1920 Nisanında Ermenistan'a mandaterliği reddetmiştir. 10 Ağustos 1920 Sevr Anlaşması, Osmanlı Devleti için Ermenistan'ı özgür ve bağımsız bir devlet olarak tanımasını hükme bağlamış, sınırın tespiti Başkan Wilson'un hakemliğine kalmıştır.

----

(3) URAS, Esat; Tarihte Ermeniler ve Ermeni Meselesi, 2. Baskı, İstanbul, 1976, ss. 682-683

Sevr Antlaşmasını Osmanlı Hükümeti imzalamıştır, TBMM Hükümeti Sevr'i dikkate dahi almamıştır.

Kafkas Ermeni Cumhuriyetine bağlı askeri gücün 1920 Haziranında Türkiye'ye saldırısı TBMM orduları tarafından durdurulmuştur. Eylül 1920'de karşı saldırıya geçen ordularımız bütün Türk topraklarını kurtarmışlar ve sınırı da aşarak Gümrü'ye girmişlerdir.

Bu yenilgi sonucu Ermeni Hükümetinin barış talebi üzerine 2 Aralık 1920'de Gümrü Anlaşması imzalanmıştır. Ermeniler bu anlaşma ile Sevr'in artık geçersiz olduğunu kabul etmişler ve Türkiye Cumhuriyetine yönelik bütün toprak taleplerinden resmen vazgeçmişlerdir.

Gümrü Antlaşması:

MADDE 10: .. Erivan Hükümeti, TBMM'nce kesin olarak reddedilmiş olan Sevr Andlaşmasını hükümsüz sayıp bunu; kimi emperyalist hükümet ve siyasal çevreler elinde bir kışkırtma aracı olan Avrupa ve Amerikadaki temsilci heyetlerini geri çağırmayı, bundan böyle iki ülke arasında her türlü yanlış düşünceleri ortadan kaldırmak iyiniyeti ile yükümlendiğini açıklar.

Ermenistan Cumhuriyeti barış ve esenlik içinde gelişmesini sağlama ve Türkiye'nin komşuluk haklarına saygılı olma iyiniyetlerinin kanıtı olmak üzere emperyalist amaçlar güderek, iki ulusun barış ve esenliğini tehlikeye sokan haris, savaşçı kişileri hükümet yönetiminden uzak tutmayı yükümlenir.

MADDE 14: Erivan Cumhuriyetince herhangi bir devletle yapılmış olan tüm antlaşmaların Türkiye'yi ilgilendiren ve Türkiye'nin çıkarlarına zararlı hükümlerini geçersiz saymayı bu cumhuriyet kabul eder ve yükümlenir.

TBMM Hükümeti,16.3.1921'de SCSB ile Moskova Anlaşması'nı imzalamış ve bugünkü Türk-Sovyet sınırı çizilmiştir. Bu anlaşmayı tamamlamak amacıyla bu kez 13 Ekim 1921'de SSCB Ermenistan'ı ile Kars Anlaşması imzalanmıştır. Her iki anlaşmada da Sevr'in tanınmadığına ilişkin hükümler vardır. Böylece, Taşnak Hükümetinden sonra, Ermeni Hükümeti de her türlü talepten vazgeçmiş ve Sevr'in geçersizliği bir kez daha belgelenmiştir.

24 Temmuz 1923'de kabul edilerek Sevr'in yerini alan Lozan Barış Antlaşmasında ise Ermeniler hakkında hiçbir hüküm bulunmamaktadır. Yani, soykırım meselesi Lozan'da çözümlenmiştir. Ermenilerin bugün Sevr'e dayalı olarak birtakım iddialarda bulunmaları mevcut antlaşmalar sebebiyle hukuki hiçbir anlam taşımamaktadır.

10 Ağustos 1920'de SEVRES'de imzalanan Barış Antlaşmasının Ermenistan ile ilgili 88-93 üncü maddeleri aşağıya çıkarılmıştır. Bu maddeler Diaspora Ermenilerinin neleri hayâl ettiklerini açıkça ortaya koymaktadır.

ERMENİSTAN:

MADDE 88:Türkiye, öteki müttefik ülkelerin yapmış olduğu gibi, Ermenistan'ı özgür ve bağımsız bir devlet olarak tanıdığını bildirir.

MADDE 89: Öteki Bağıtlı Yüksek Taraflar gibi, Türkiye ile Ermenistan; Erzurum, Trabzon, Van ve Bitlis İllerinde Türkiye ile Ermenistan arasındaki sınırın saptanması işini ABD Başkanının hakemliğine sunmayı ve bu konudaki kararını olduğu kadar, Ermenistan'ın denize çıkışı ile sözü geçen sınıra bitişik bütün Osmanlı topraklarının askersizleştirilmesine ilişkin ileri sürebileceyi hükümleri kabul etmeyi kararlaştırmışlardır.

MADDE 90: 89 uncu Madde uyarınca sınır saptanması, sözü geçen İller (Vilâyet) topraklarının tümünün ya da bir kesiminin Ermenistan'a aktarılmasına yol açacak olursa, Türkiye, aktarılan toprak üzerindeki bütün hakları ve sıfatlarından, karar tarihinden başlamak üzere geçerli olarak, vazgeçtiğini şimdiden bildirir. İşbu Andlaşmanın, Türkiye'den ayrılan topraklara uygulanacak hükümleri, o andan başlayarak, bu topraklara da uygulanacaktır. Ermenistan'ın, kendi egemenliği altına girmiş topraklar nedeniyle üstlenmesi gerekecek, Türkiye'ye ait mali yükümlülüklerin ya da hakların oranı ve niteliği,işbu Anlaşmanın VIII.

Bölümünün (Mali Hükümler) 241-244 Maddeleri uyarınca saptanacaktır. İşbu Andlaşma ile çözüme bağlanamayan ve sözü geçen toprağın aktarılmasından doğabilecek bütün sorunlar, gerekirse, daha sonra yapılacak sözleşmelerle çözüme bağlanacak.

__MADDE 91:__ 89. Maddede belirtilen toprağın bir kesiminin Ermenistan'a aktarılması durumun da, sözü geçen maddede öngörülen karardan sonra üç ay içinde, Ermenistan ile Türkiye arasında, bu kararın ortaya çıkaracağı sınırı arazi üzerinde çizmek için, kuruluş biçimi daha sonra saptanacak, bir Sınırlandırma Komisyonu kurulacaktır.

__MADDE 92:__ Ermenistan'ın, Azerbeycan ve Gürcistan ile sınırları, ilgili devletler arasında, herbiriyle ortaklaşa anlaşma yoluyla saptanacaktır. 89. Maddede öngörülen karar alındığında, ilgili devletler, iki durumdan birinde, sınırlarını ortaklaşa anlaşmayla saptayamamışlarsa, bu sınır, Başlıca müttefik devletlerce saptanacak ve sınırın toprak üzerinde çizilmesini de bu devletler yapacaklardır.

__MADDE 93:__ Ermenistan, Ermenistan'da oturanların çoğunluğundan soy, dil ya da din bakımından ayrı olanların çıkarlarını korumak için, başlıca müttefik devletlerin gerekli görecekleri hükümleri, bunları bu devletlerle yapacağı bir Andlaşmaya da geçirmeye rıza göstererek, kabul eder.

Ermenistan, ayrıca, transit özgürlüğünü ve öteki ulusların ticareti için hak gözetir bir rejimi korumak üzere müttefik devletlerce gerekli görülecek hükümlerin bu devletlerle yapılacak Andlaşmaya konulmasını kabul eder.

ERMENİSTAN ORTAOKUL TARİH KİTAPLARINDA YER ALAN TÜRK DÜŞMANLIĞI VE ERMENİ SOYKIRIMI

Türk düşmanlığı zannedildiği gibi sadece diaspora Ermenilerinde ve bazı yaşlı kişilerde kalmamıştır. Bugün Ermenistan Cumhuriyetinde yeni nesiller tam bir Türk düşmanı olarak yetiştirilmektedir.

Bilindiği gibi Ermeni tarihçiler ve onların Avrupalı yardakçılarının soykırım ile ilgili düşünceleri artık iyice belirginleşmiştir. Buna göre; 2'nci Dünya Harbi süresince Yahudi toplumuna Nazi Almanyası tarafından yapılan plânlı ve proğramlı soykırım uygulaması ile 1inci Dünya Harbinde Osmanlı Devleti'nin Ermeni teb'asına karşı yaptığı iddia edilen soykırım aynı niteliktedir.

Almanlar soykırımı tanıyarak cezalarını çekmiştir. Osmanlı Devleti'nin devamı olduğunu iddia eden Türkiye

Cumhuriyeti Devleti de bu katliamı tanıyacak ve hukuki yaptırımlarına evet diyeceklerdir.

Sonunda günümüzde yaşayan Türkler de Ermeni katliamı yapan dedelerinin cezasını ödeyeceklerdir. Hatta bu Türkler sade canlarını vermekle kalmayacaklardır. Tarih haritalarında belirtilen eski Ermeni vatanını da Ermenilere terk edeceklerdir.(1)

İşte bu tamamen hayali tasarıma dayalı olan ve efsane tarzındaki bazı uçuk-kaçık duyumlarla beslenerek genç beyinlere yerleştirilmiş olan sözde Ermeni soykırımı yalanlarının gerçek olduğu hususu; günümüzde bağımsız Ermenistan Cumhuriyeti Eğitim ve İlim Bakanlığının Orta Öğretim Tedrisatı içinde, 10' uncu Sınıflara Tarih Dersi Kitabındaki inanılmaz satırlarla açıkça vurgulanmaktadır.

Bu kitap sadece bir örnektir. Ermenistan tedrisatı her seviyede ve tüm derslerde soykırım kavramını ve Türk düşmanlığını canlı tutacak şekilde proğramlanmıştır.

Yani tüm Ermeni çocukları, Ermenistan okullarında Türk düşmanlığı ve soykırımın intikamının alınması fikri ile yetiştirilmektedir. Rahatlıkla iddia edebiliriz ki; Bugün Ermenistan Cumhuriyetinin gençleri dedelerinden kat kat daha fazla Türkiye ve Türklük düşmanlığına sahipler. Bu durum ve ruh hali her yeni nesilde artarak koyulaşacaktır.

Sonunda Türk tarafı olarak biz ne kadar insancıl yaklaşırsak yaklaşalım. Hiç bir art niyet beslemeden barış elimizi Ermeni kardeşlerimize uzatalım. Karşı taraf bu bağnazlığını ısrarla sürdüreceği için barış umutlarımız hiç yeşermeyecektir. Uzattığımız dostluk elimiz hep havada kalacaktır. Şimdi bizi bu düşünceye sevkeden kavramların yer aldığı ders kitabındaki "Ermeni Soykırımı" başlığı altında sunulan abartılı bilgileri görelim;(2)

" Ermeni Milletinin Sürgünü ve Yok edilmesi:

Birinci Dünya Savaşı Türk Devleti'ne topraklarında yaşayan Ermenilerle hesaplaşma imkânı verdi. Osmanlı

İmparatorluğunda yaşayan Türk olmayan Müslümanların Türkleştirilmesi, Hristiyanların ise yok edilmesi plânlandı. Haziran 1914'te Jön Türk Devleti Trakya'da ve Küçük Asya'da (Anadolu'da) yaşayan 90 bin kadar Yunanlının gönderilmesine başlamıştı.

Batı Ermenistan ve Küçük Asya'da Ermenilerin yaşadığı yerler de Jön Türklerin insanlık dışı siyasetine maruz kaldı. Bunun yaratıcıları İçişleri Bakanı Talat Paşa (1917-18'de Başbakan), Enver Paşa (Savaş Bakanı), Cemal Paşa (Donanma Bakanı, Filistin Cephe Komutanı), Bahattin Şakir Bey (Jön Türkler Partisinin Komite Üyesi), Nazım Bey (Jön Türkler Partisi'nin Merkez Komite Üyesi, Eğitim Bakanı), ve başkaları..

Jön Türkler(Genç Osmanlılar) Ermenileri tamamen yok ederek Ermeni sorununu sona erdirmeyi düşünüyordu. Ermeniler ve Ermenistan. Osmanlı İmparatorluğunun Pan-Türkizm programının hayata geçirilmesi yolunda bir sorundu. Bu yıllarda Pan-Türkizm ideolojisi Türkiye'nin ana maksadıydı. Onlar Büyük Turan Türk Devleti'ni inşa etmeyi düşünüyorlardı. Jön Türkler, bu devletin içine tüm Türk dilli milletleri toplamayı, sınırlarını Konstantinapol şehrinden Altaylar'a kadar uzatmayı arzuluyorlardı.

Ermenileri yok etmek için başka bir sebep de, imparatorluğun bütün ekonomik alanlarında Ermeni burjuvazisinin sağlam ve güçlü bir yere sahip olmasıydı. Yeni kurulan Türk burjuvazisine istenmeyen güçlü iktisadi rakipten kurtulmak gerekiyordu. Böylece Ermeni soykırımı uygulamasına başlanılması için bütün siyasi ve iktisadi sebepler vardı.

Jön Türklerin ileri gelenleri, başlayan savaşın Büyük Britanya, Rusya, Fransa'nın işlerine karışmasına imkân vermeyeceğini hesaplamışlardı. Bu hususta, partinin gizli toplantılarından birinde Nazım Bey'in şu açıklaması kanıt idi; 'Ben defalarca söyledim ve şimdi de tekrar ediyorum. Ermeni halkını tamamen yok etmek gerekir ki, ülkemizde hiçbir Ermeni kalmasın ve bu isim tamamen bütünüyle unutulsun. Şimdi savaş var. Böyle uygun zaman bir daha olmayacak. Bu devletlerin işe karışması ve dünya basınının şiddetle karşı koyması görülmeyecek '.

1914 sonbaharında "Özel Teşkilat" kuruldu ve başkanlığı Bahattin Şakir Beye verildi. Bu teşkilata genellikle hapishanede yatmış ve cezaevinden çıkartılmış caniler alınırdı. Ermenilerin kitlesel olarak yok edilmesi "Özel Teşkilat" birliğine emredildi. Birinci Dünya Savaşı yıllarında yalnızca Ermenilerin kitlesel toplu sürgünü, katledilmesinin yanı sıra diğer milletlerin; Asuriler'in, Yunanlılar'ın, Araplar'ın kırılması da bu özel teşkilata görev olarak verilmişti.

Türk Devleti'nin caniliği bu milletlerde vahamete yol açtı. Ermeni siyasetçileri de bu felaketi zamanında öngöremediler. Soykırım siyasetini yerine getirmek için Türk devleti, Ermenileri kendilerini savunma imkânından alıkoydu. Savaşın başında Osmanlı ordusuna 60 binden fazla Ermeni çağrıldı. Onları 1915 baharından itibaren silahsızlandırıp cephe gerisine gönderip İşçi birliklerine kaydırdılar. Ermenilerle beraber Osmanlı ordusundaki Yunanlılar da silahsızlandırıldı. Silahsızlandırılan bu Ermenilere en ağır işler verilirdi; yolların, köprülerin, istihkâmların yapılması ve yüklerin taşınması gibi. Sonra Ermeni askerlerini ellişerli- yüzerli gruplar halinde, askerlerin ya da polislerin kontrolünde bulundukları yerden çıkarırlardı ve yok ederlerdi. Arceş şehrinde 3,000 Ermeni askerini kışlalarda hapsettiler, onları yiyeceksiz bıraktılar. Onlardan 100 tanesini çıkarıp kurşuna dizdiler. Sonra kalan askerler muhafızların üstüne hücum ettiler, silahlarını alıp kurtuldular. Polisler aynı zamanda Ermeni ahalisinin elindeki az sayıdaki silah ve cephanenin büyük kısmını topluyordu..

Jön Türk Devleti'nin bundan sonraki adımı parti liderlerinin, ruhani temsilcilerin ve özellikle düşünen Ermeni beyinlerinin hapsedilip yok edilmesiydi. Bu adım ile hükümet Ermenileri onları idare eden, yönetip teşkilatlandıran güçlerden mahrum etmeyi istiyordu. Zeytun' da Nazaret Çavuş (Noraşharhıyan), Van'da ulusal hareketin ünlü lideri İşhan (Nikoğos Boğosyan), Osmanlı milletvekillerinden Vramyan (Onnik Dercakyan) ve daha pek çoğu hapsedilip öldürüldü. Urfa şehrinde 100'den çok Ermeni hapsedildi, öldürüldü.

Çoğunlukla 18-45 yaşları arasındaki Ermeni erkeklerini sürgüne yolladılar ve yok ettiler. Ve jön Türk Devleti savunmasız kalan kadınların, çocukların ve yaşlıların sürgün edilmesine, katledilmesine başladı. Valilere bu konuda emirler veriliyordu.

1914 sonbaharı ve 1915 ilkbaharından itibaren Ermeni halkının zorla sürgün edilmesi ve katliamı başladı. Türk Devleti Ermenileri sürgüne tabi tuttu. Nehirler arası çöl arazisine. Sürgün süresince göç edenlerin malları talan ediliyordu. Onlara askerler, polisler ve Kürt caniler eşlik ediyordu. Güzel kızlar zorla Müslüman Türklerin haremlerine götürüldüler. Sürgün yerine, çok az bir kısmı varabiliyordu. Örneğin Harput'tan sürgün edilen 18.000 Ermeni'den Halep'e toplam 150 kişi ulaştı. Kalanları ya öldürüldü ya da açlık, susuzluk ve çeşitli hastalıklardan öldü, veya yolda kaçırıldılar.

1915 sonuna dek Batı Ermenistan'da ve Küçük Asya'da Ermenilerin yaşadığı yerler tamamen temizlendi. Katliamlardan hiçbir sosyal tabaka kaçamadı. 1914-1918 yıllarında Jön Türklerin Ermenilere karşı yürüttüğü siyaset soykırım olarak adlandırılır. Çünkü onların amacı Ermeni milletinin kökünü kazımaktı. Osmanlı Devletinde yaşayan 3 milyona yakın Ermeni'den 1,5 milyonu ya öldürüldü; ya açlıktan, çeşitli hastalıklardan ve eziyetten öldü. Sağ kalanlarsa vatanı terk ettiler, sahip oldukları talan edildi veya dinleri değiştirildi."

Ortaokul Tarih Ders kitabının bu bölümünde Türklerin barbarlığından ve Ermenilere karşı katliamdan bahsedilirken, bir sonraki 'Savunma Savaşları'bölümünde, tehcir öncesi olaylar anlatılıp Ermenilerin Doğu Anadolu bölgesinde teşkilatlanarak Ruslarla birlikte kahramanca savaştıkları anlatılmaktadır.

Taşnak Partisi (ARF-D) Ermeni Gençlik Federasyonu (AYF) Erivanda Türkiye aleyhinde bir gösteri yürüyüşünde (2008)

Yeni kuşaklara tarihin bu şekilde tek taraflı olarak doğruluğu kesin olmayan bilgilerle ve komşu milletlere düşmanlıkların anlatılması devletler arasındaki ilişkilerin de yönünü belirlemektedir. Bu durum Birleşmiş Milletler kararlarına da aykırıdır. Burada açıkça Türkiye ve Türk düşmanlığı yapılmakta, yeni nesiller gerçek bir Türk düşmanı olarak yetiştirilmektedir.(3)

----

(1)   Yrd. Doç. Dr. Haluk Selvi, Birinci Dünya Savaşından Lozan'a Ermeni Sorunu, Sakarya Ü.Yayını No:48, Sakarya–2004, S.19–23

(2)   Türkiye'deki tarih ders kitaplarında Ermenilerin Türklere yaptığı katliamlarla ilgili hiç bilgi verilmemesi de dikkat çekicidir.

(3)   Ermenistan Cumhuriyeti Eğitim ve İlim Bakanlığı Orta Öğretim 10. Sınıf Tarih Ders Kitabı, Redaktör; Prof. V. B. Barhudaryani, Erivan, 2001, S.139-152

TÜRK TARİH KURUMU BAŞKANI PROF.DR. YUSUF HALAÇOĞLU'NA SALDIRININ ARKASINDAKİ GERÇEKLER

Dilimizde sıkça kullanılan 'Boyundan büyük laf etme' deyiminin tam karşılığını sözde Ermeni soykırımı iddialarına verdiği anlaşılmaz destek yüzünden İsviçre yönetimine söylememiz gerekiyor.

Türk Tarih Kurumu Başkanı Prof.Dr.Yusuf Halaçoğlu

Tarihte hiç bir zaman Ermenilere karşı plânlı bir soykırım yapılmadığını açıklayan değerli bilim adamımız Türk Tarih Kurumu Başkanı Prof.Dr.Yusuf Halaçoğlu Bey hakkında soruşturma açma gafletini gösteren İsviçre Yönetimine karşı çok ağır hakaretler yapılabilir. Ben buna hakkımız olduğunu, onların da buna müstahak olduklarını düşünüyorum.

Fakat bilimsel kanıtlarla ispatlanmış olan fikirlerini açıklayan değerli bilim adamlarını ceza ile susturmak gibi

145

ortaçağ usulü kaba saba bir davranışta bulunan İsviçre'yi sadece kınamakla yetiniyorum. Çünkü, medeni geçinen ve insan hakları havariliğini kimseye bırakmayan İsviçre'ye en doyurucu cevabı Türk tarihçilerinin yeterince verdiğini değerlendiriyorum.

Aşağıda tamamına yer verdiğim Tarihçilerin Basın Açıklamasıdır"başlıklı yazı internetle milyonlarca kişiye ulaştırılmıştır. Ve bu yazı sadece Türk tarihçilerin değil, tüm Türk milletinin milli duygularını yansıtmaktadır.

Çok değerli tam 360 tarihçi meslektaşımın imzasını taşıyan yazı benim fikir ve düşüncelerimi de tamamen yansıttığı için aynen okuyucularla paylaşıyorum.

TARİHÇİLERİN BASIN AÇIKLAMASIDIR;

Türk Tarih Kurumu Bşk. kıymetli meslekdaşımız Prof. Dr. Yusuf Halaçoğlu'na karşı İsviçre'de başlatılan hukuk dışı haksız girişimden dolayı derin üzüntü duyan biz Türk tarihçileri, aşağıdaki destek bildirisini değerli kamuoyumuza açıklamaya karar vermiş bulunmaktayız:

*** 1915 yılında uygulanan Ermeni tehciri önceden plânlanmış bir girişim değil, Birinci Dünya Savaşı'nda değişik cephelerde çarpıştığı sırada Ermeni çeteciler tarafından çeşitli bölgelerde arkadan vurulan Osmanlı ordusunun güvenceye alınması ve Müslümanlar ile Ermeniler arasında çıkmış bulunan çatışmaların büyümesinin önlenmesi amacıyla ve sadece mecburiyet dolayısıyla tatbik edilmiş geçici bir önlemdir. Düşman ordusuyla yapılan fiili işbirliğine son verilmesi maksadına yönelik olan bu uygulamanın, muhtemel bir isyana karşı önceden düşünülmüş bir tedbir olma özelliği ise, hiçbir şekilde bulunmamaktadır.

*** "Ermeni meselesi" ve "Ermeni iddiaları" sadece 1915 tehciri ve Osmanlı İmparatorluğu ile sınırlı kalmayan, etkileri günümüze kadar gelen bir olaylar zinciridir. Bu iddialar başta Lozan olmak üzere diğer mâlî ve hukukî uluslararası anlaşmalarla birçok alanda

146

Osmanlı İmparatorluğu'nun vârisi kabul edilen Türkiye Cumhuriyeti'nin kuruluş yıllarına kadar uzanmakta ve bugünkü devletimizi de haksız suçlamayla karşı karşıya bırakmaktadır. Dolayısıyla, son zamanlarda ortaya çıkan ' Soykırımı kabul edelim, Osmanlı'nın meselesi olan 1915 olayları Türkiye Cumhuriyeti'ni bağlamaz ' şeklindeki görüşün ne derece zaaf içerdiği de kendiliğinden belirmektedir;zira'Genoside' zaman aşımına tabi olmayan ve milletlerin geçmişini lekelemesinin yanısıra geleceğini de kirleten bir insanlık suçudur ve tarihimizin bu suçla uzaktan veya yakından bir alâkası bulunmamaktadır.

*** Ermeni Diasporası son yıllarda "Türk tarihçilerin Batı'da popüler olmalarının ve 'itibarlı akademisyen' kabul edilmelerinin yolunun Türk tezine aykırı görüşler ileri sürmeleri olduğuna inandırılmaları" şeklinde yeni bir propaganda metodunu hayata geçirerek Türkiye'de kendi tezlerini savunacak yandaşlar bulma çabasına girişmiş ve sayıları az da olsa maalesef bazı destekleyiciler sağlayabilmiştir. İşin garip tarafı ise, Ülkemizde bugün Ermeni tezlerini destekleme ve o doğrultuda görüş ortaya atma talihsizliğini gösteren bu kişilerin 1915 olaylarının ve tehcirin en önemli bilimsel kaynağı olma kimliğini yaşıyan Osmanlı Arşivleri'nden içeriye adımlarını atmamaları, konuyla ilgili belgeleri okuyacak Osmanlıca bilgisine sahip bulunmamaları ve yine konuyla ilgili olarak bugüne kadar hiçbir bilimsel yayın yapmamalarıdır.

Bu kişilerin, tarih disiplinin temel metotlarına dikkat etmeden, tek taraflı yaklaşımlarla ileri sürdüğü görüşlerin tarihçiler tarafından eleştirilmesi karşısındaki muhataplarını "resmî tarihçilik" ile suçlayıp kolaycılığa sapmalarını doğru bulmuyoruz.

*** Türk tarihçileri, yurt dışındaki Ermeni lobilerinin baskıları sonunda karşılaştıkları engellemeler ve çektikleri tüm zorluklara rağmen, yıllardan buyana tehcirle ilgili gerçekleri ortaya çıkarmaya çalışmakta ve *bu çalışmalarına kısıtlı imkânlarla devam etmektedirler. Kendi tezlerini ve gerçeklerle bağdaşmayan iddialarını kabul etmeyen tarihçilerin doğruları söylemelerini engelleme politikaları doğrultusunda Prof. Dr. Stanford Shaw, Prof. Dr. Gilles Veinstein ve Prof. Dr. Bernard Lewis gibi saygın bilim adamlarını bile susturabilmek maksadıyla ölümle tehdit eden ve mahkeme yollarını deneyen bazı Ermeni çevreleri, aynı baskıyı şimdi de Türk Tarih Kurumu'nun Başkanı, kıymetli meslekdaşımız Prof. Dr. Yusuf Halaçoğlu üzerinde kurmaya çalışmaktadırlar.*

Prof. Dr. Yusuf Halaçoğlu'nun Ermeni tehciri konusundaki tarihi gerçekleri ortaya koyma çabalarını destekliyor, kendisinin fikir ve ifade özgürlüğüne yöneltilen ve mutlaka akim kalacağına inandığımız bu hukuksuzluğu protesto ediyor, başlatılan girişimin Türkiye'nin değil İsviçre'nin tarihinde fikir özgürlüğüne indirilen bir darbe olarak yeralacağına inanıyoruz.

Bu bildirinin altında halen üniversitelerimizin tarih bölümlerinde görev yapan 360 bilim adamının imzası bulunmaktadır. Bu bilim adamlarımız bilimin tarafsızlığı ışığında doğruları yansıtan bilimsel bir cevap vermişlerdir. Oysa İsviçre'nin başlattığı ve giderek diğer ülkelere de sıçrayacağını tahmin ettiğim bu davranışın bilimsellikle hiç alâkası yoktur.

Olay tamamen siyasidir. Dolayısıyla cevabının da siyasiler tarafından ve karşı tarafın anlayacağı sertlikte verilmesi, dik duruşumuzun başta TBMM olmak üzere tüm kurum ve kuruluşlarca gösterilmesi gerekmektedir.

Türk Halkı, kendi yöneticilerinden tamamen haklı olduğumuz davada masaya yumruğunu sertçe vurmasını beklemektedir...

TÜRKİYE'DEKİ ERMENİ'LERİN DURUMU VE SOYKIRIM KONUSUNA YAKLAŞIMLARI

Günümüzde halâ canlılığı süren Ermeni Sorunu 1877-1878 Osmanlı-Rus savaşı sırasında İngiltere-Rusya arasındaki siyasi rekabetin yarattığı emperyalizm sorunu olarak ortaya çıkmıştır.

Meşrutiyet sonrası desteklenen etnik milliyetçilik akımları Ermenileri de devletin diğer Hıristiyan unsurları gibi bağımsız bir devlet kurma çabasına sokmuştur.(1)

Bin yılı aşkın süre Anadolu coğrafyasında Osmanlı yönetimi altında bulunan Ermeni halkı, imparatorluğun her tarafına korkusuzca dağılmış bir taraftan, mal, can, ırz ve namusları güvenlik içinde yaşarlarken, dini açıdan da tamamen serbest, huzurlu ve mesut olmuşlardır.

----

(1) Karakaya, Recep, Ermenilere Yönelik Ermeni Suikastleri, 47 NumaraYayını, Mayıs 2006, İstanbul, ss-11-16

Ermeniler genellikle Ticaret ve sanatla uğraşmışlar, sarraflık ve kuyumculuk yapmışlardır. Ermeni kökenli mimarlar çağdaş Osmanlı mimari tarzının yaratılmasında örnek alınacak eserler meydana getirmişlerdir. Ermeni müzisyenler Klasik Türk Sanat müziğinin gelişmesine önemli katkıda bulunmuşlardır.

Ermeniler, devletin özel hizmetlerinde ve emniyet gerektirecek önemli işlerde de görev almışlardır. Devletin parasını basan Darphanede ve silâhların imal edildiği Baruthane gibi önemli müesseselerinin başına geçmişler ve daima millet-i sadıkan olarak anılmışlardır. Osmanlı idaresinde dini ve sosyal işlerine karışılmayan Ermeniler 19. yüzyıla kadar müreffeh ve huzur içinde yaşamışlardır.

Ermeni toplumu askerlikten de muaf olduklarından ticarette önemli gelişmeler kaydetmişlerdir. Kültürlerini sürdürmeleri, eğitimlerini ve hayır işlerini yürütebilmeleri için gerekli mali desteği sağlayacak vakıf kurmalarına izin verilmiş ve hatta hazineden yardım da almışlardır.

Osmanlılar, inanç ve çıkarları yüzünden mezhep değiştirme hususunda Ermeniler arasında çıkan ihtilâfların sonuçlanması için yardımcı olmuşlardır. Ermeni Kilisesi dini kadrolarının seçimi ve tayinindeki tüm usullere tamamen uyulması konusunda çok titiz davranılmıştır.

29 Mart 1862'de yürürlüğe sokulan özel Ermeni Milleti Nizamnamesine göre, Osmanlı Devleti dahilinde yaşayan Ermeniler, İstanbul'da faaliyet gösterecek ve yüz kırk üyeden oluşacak bu meclis tarafından alınan kararlara göre yönetilecekti. Üyelerden 20'si İstanbul'daki Ermeni din adamları arasından, kırkı İstanbul dışından, sekseni yine İstanbul Ermenileri içinden seçilecekti. Daha öncede faaliyet gösteren 14 üyeli dini meclis ile 20 üyeli siyasi meclisin üyelerini bu yeni meclis seçecektir. Nizamname Türkiye Ermenilerinin siyasi ve toplumsal varlıkları (2)

----

(2) Uras, Esat, Tarihte Ermeniler S.165

üzerinde yeni bir dönem açmıştır. Osmanlı Hükümeti'nin teb'ası Ermenilere karşı ne kadar iyi niyetli davrandığını göstermesi açısından önemlidir.

Ermeni sorunu büyük devletlerin bölge üzerindeki çıkar hesaplarından kaynaklanmıştır. Ermeni Patrikhanesi başta olmak üzere mevcut nüfus ve toprak şartlarına bakmaksızın bağımsızlık hayali peşinde koşan Ermeniler kendi üzerlerinde oynanan oyunları görememişlerdir.

Osmanlı Devleti, 1877-1878 Osmanlı-Rus savaşı sonunda imzaladığı Berlin Antlaşması ile Ermeni sorunu uluslararası antlaşmalara girmiştir. Osmanlı Devleti'nin kendi egemenlik sınırları içinde çözeceği bir iç sorun olmaktan çıkmış, Rusya ve İngiltere'nin müdahalesine imkân veren bir dış sorun haline dönüşmüştür.

Berlin Antlaşmasından sonra kurulan tamamı dış destekli Hınçak ve Taşnak Ermeni komiteleri, Osmanlı topraklarında yaşayan ve devlete sadık bütün Ermenileri terörizm de dâhil olmak üzere korkutarak kendi amaçları için kullanmayı bir usul haline getirmişlerdir.

Osmanlı Ermenilerinin bundan sonraki hedefleri, Anadolu'da isyanlar çıkarıp Avrupa ülkelerinin dikkatini çekmek ve sonunda müdahale edilme imkânı sağlayarak Bulgaristan gibi özerk bir yönetime kavuşmaktır.

Başlangıçta devlete sadık Osmanlı Ermenilerinin büyük kısmının isyan gibi bir isteği olmamıştır. Onları isyancı hale dönüştüren başlıca etken silahlı Ermeni çetelerinin kendilerine uyguladığı şiddetli terör baskısıdır. Ermenileri kendi devletlerine karşı isyanda birleştiren ana neden işte bu korku olmuştur.

Hınçak Komitesi 1890'lı yıllarda İstanbul'da ve Anadolu'nun birçok şehrinde faaliyette bulunan şubeler açmıştır. Avrupa'dan gelen yetiştirilmiş ajanlar, isyan fikirlerini tüm Ermeniler arasında yaymış, üye kaydetmiş ve para toplamıştır. 1893'ün sonunda bu komiteler köylere kadar inmiştir. Her üye komite bütçesine bağış yapmaya zorlanmış ve gerekirse dava için hayatını ortaya koymak için yemin ettirilmiştir.

Osmanlı Ermenilerini amaçları yönünde harekete geçirmeye çalışan örgütler terörü yöntem olarak seçmiştir. Komiteci Ermeniler terör eylemlerine Ermenilik bilincini geliştirmek amacıyla başvurmuşlardır.

Ermeni terörü, bağımsızlık hareketinin bir sembolü haline getirilmiştir. Bu terörün hedefi sadece Müslüman Osmanlılar da değildi. Ayrılıkçı hareketleri desteklemeyen ve gerekli maddi yardımları yapmayan Ermeniler de bu terörden yeterince nasibini almışlardır.

Komiteler; amaçlarına ulaşmak, kendilerine taraftar ve ekonomik destek sağlamak amacıyla öncelikle kendi soydaşlarına ve dindaşlarına büyük baskılar yapmışlardır. Hazırladıkları disiplin ceza talimatına uymayan kişileri şiddetle cezalandırmaktan ve kendilerine itaat etmeyen kişileri öldürmekten çekinmemiştir. Böylece kendi içinde büyük baskı ve korkuya dayanan otorite kurmuşlardır.

1890'larda başlayan Ermeni terör eylemleri 1980'li yıllara kadar bazı önemli değişikliklere rağmen sürmüştür.

Türkiye Ermenileri'nin Türk yönetimleri tarafından bugün de baskı altında tutuldukları iddiası batı basınında devamlı gündeme getirilmektedir. Diaspora kontrolundaki mihraklar bu iddiayı şu amaçlarla ileri sürmektedirler;

- *Ermeni'ye zulmeden Türk imajını" tarih içinde kesintisiz olarak sürdürerek bugüne taşımak,*

- *Eğitim kurumlarında beyinleri yıkanan genç Ermenilere uğruna mücadele edilecek hedef göstermek,*

- *Türkiye aleyhindeki propagandalarına güncel bir nitelik ve özellikle haklılık kazandırmak,*

- *Yabancı ülkelere Türkiye'nin içişlerine müdahale imkânı sağlayabilmektir.*

Türkiye'deki 60.000 Ermeni kardeşimiz ayrıma tâbi tutulmadan, Müslüman Türklerin sahip oldukları tüm hak ve özgürlüklerden eşit şekilde yararlanarak güven, huzur ve refah içinde yaşamaktadır. Kendi kiliselerinde özgürce ibadet etmekte, kendi okullarında kendi dilinde öğrenim görmekte, özel yayın organları çıkarmakta, derneklerinde sosyal ve kültürel faaliyetlerini sürdürmektedirler.

Türkiye'deki Ermeni toplumu 30 okula, 17 hayır ve kültür derneğine, iki günlük gazeteye ve ayrıca bazı dergilerle, Şişli ve Taksim adlı iki spor kulübüne, çeşitli vakıflara ve sağlık kuruluşlarına sahip bulunmaktadır.

Türkiye Ermenilerinin çoğu Gregoryen'dir. Dini liderlerinin ünvanı Türkiye Ermenileri Patriği'dir. Ayrıca Katolik ve Protestan Ermeniler de vardır ve bunlar da kendi kiliselerine sahiptir.

Ermenilerin çoğu İstanbul'da ikamet etmektedir. Bu nedenle kurumlarının çoğunluğu da İstanbul'dadır..

Ermeniler, bir baskıya maruz kalmadan Türkiye'de yaşamaktan memnun olduklarını, Türk vatandaşı olmakla ayrıca gurur duyduklarını her vesile ile dile getirmişlerdir.

Türkiye Ermenileri, Türk diplomatlarını hedef alan Ermeni terör örgütlerinin saldırılarını başta Patrik olmak üzere, her fırsatta kınamışlardır. Bu vahşi terörün acılarını diğer Türklerle birlikte aynı ortak duygularla paylaşarak Ermeni terör odaklarına en etkili yanıtı vermişlerdir.

1 Kasım 1981'de İstanbul Ermeni Patrikhanesinde şehit Türk diplomatları anısına düzenlenen ve Patrik'in yönettiği ayin Türkiye Ermenilerinin Ermeni terörüne karşı kararlı tutumlarının açık örneğini teşkil etmiştir.

Avrupa Konseyinin Türkiye'deki azınlıklara baskı yapıldığı yolundaki kararı üzerine Şubat 1982'de Ermeni Patrikliğince yapılan açıklamada; "*Türkiye Ermenileri'nin birer Türk vatandaşı olarak Türkiye'de huzur içinde yaşadıkları ve her türlü inanç hürriyetinden yararlanarak ayinlerini de serbestçe yaptıkları*" vurgulanmıştır.

Los Angeles Başkonsolosu Kemal Arıkan'ın 28 Ocak 1982'de Ermeni teröristlerce şehit edilmesi üzerine Patrik verdiği demeçte "Türk Ermenilerinin bu cinayeti her Türk gibi büyük bir üzüntüyle karşıladıklarını" belirtmiştir. Ayrıca, dışarıdaki Diaspora Ermenilerini de yasa dışı eylem ve cinayetlere karşı çıkmaya çağırmıştır.

Böylece, Ermeni propagandasının soykırım iddiası hak ettiği cevabı Türkiye Ermenilerinden almıştır.

19 Ocak 2007'de Ermeni kardeşimiz Agos Gazetesi Genel Yayın Yönetmeni Hrant Dink Şişli Halâskârgazi Caddesi üzerindeki gazetesinin kapısı önünde vahşi bir cinayete kurban gitmiştir.

Bu menfur ve adi cinayet tüm milletimiz tarafından anında lanetlenmiştir. Medyamız halkımızın haklı infiâlini ve bu cinayeti telin mesajlarını aralıksız olarak Türkiye ve dünya kamuoyuna canlı olarak yansıtmıştır.

Bu cinayetten medet uman odakların Türkler ve Ermeniler arasında düşmanlık tohumları ekmek istedikleri ve iki kardeş toplumu tahrik edip birbirine kırdırmayı hedef aldıkları görülmüştür. Fakat sağduyu sahibi asil milletimiz Dink'e sahip çıkarak ailesini bağrına basmıştır.

Oyunu kurgulayanlar bu defa da yanılmışlardır. Bir kere daha kardeş iki toplumun ayrılmasına ve düşman olmalarına değil, birbiri ile daha sıkı sarılıp birbirine sahip çıkmalarına sebep olmuşlardır. İşte bu tutum ve davranış milletimizin düşmanlarını korkutan gerçek gücüdür.

Hırant Dink'in katili cinayetin üzerinden 32 saat geçmeden yakalamıştır. Bu menfur cinayetin 17 yaşındaki faili Ogün Samast ile azmettiricileri yargı önünde gerekli cezayı almışlardır. Bu cinayetin arkasında da Türkiyede milli çıkarları olan küresel güçlerin parmağı olduğuna milletçe inanmamıza rağmen bu husus henüz yeterince aydınlığa kavuşmamıştır. Fakat Türk ve Ermeni toplumu bir daha birbirine kenetlenerek küresel oyunu bozmuştur.

HAYALİ ERMENİ SOYKIRIM İDDİASI,TARİHİ TÜRK- ERMENİ DOSTLUĞUNU BOZAMAZ

1998 ve 1999 yıllarında Brezilya'da Sao-Paula Üniversitesinin düzenlediği seminerlere davetli konuşmacı olarak katıldım. Konferansı verdiğim Hukuk Fakültesinin Ermeni asıllı Dekanı A.L'nin şahsıma gösterdiği candan tavır, yakınlık ve dostane tutumu unutmam asla mümkün değil. Kırk yıllık dostunu görmüş gibi sarılması, evlerine yemeğe davet etmesi, tamamen Türk mutfağından aşina olduğumuz çok özel bir ziyafet vermesi ile bize tam bir Türk ailesinin misafirperverliğini göstererek unutulmaz duygusal anlar yaşatması çok hoştu ve bende derin dostluk duyguları yaratmıştı.

Prof. Dr. A. L'nin makam arabasının kasetinden ve evlerindeki müzik dolabından yükselen Zeki Müren, Emel Sayın şarkıları beni hayretler içinde bırakmıştı.

O zaman elli yaşlarında olan Ermeni asıllı Dekan A.L. Brezilyada doğmuştu ve Türkiyeye hiç gelmemişti. Ama ülkemizi, insanlarımızı ve özellikle kültürümüzü çok iyi tanıyordu. Birkaç kelimelik İstanbul lehçesi ile Türkçe cümle ezberlemişti. Türkçeyi nasıl öğrendiğini sorduğum zaman, "1906 yılında İstanbuldan Brezilyaya göç eden dedeleri ile annesi ve babasının evde birbirleriyle Türkçe konuştuklarını" söylemiş ve hayretimi derinleştirmişti.

Makam arabası ile Prof. A.L.'nin evine giderken hoparlörden Zeki Müren'in "Kanaryam" şarkısı çalıyordu. İlk izlenimim şuydu. Türkiye'den gelen misafirlerine özel bir jest olmak üzere herhangi bir şekilde ele geçirdiği bu kasedi çalıyordu. Neden Türkçe ve neden Zeki Müren dinliyorsun? Sorumdan rahatsız olduğunu hemen belli etti.. Torpido gözünü açtı ve arabada dinlediği diğer kasetleri gösterdi. On kasetin sekizinin Türkiye'de meşhur sanatçılara ait olduğunu görerek hayret ettim. Türkiye'yi hiç görmeyen, Türkleri hiç tanımayan bir kişinin özellikle Türk müziğinden zevk almasını anlayabilmem zordu.

Evlerindeki duvar süslemelerinin de çoğunlukla İstanbul ve Osmanlı figürlü materyaller olduğunu gördüm. Anadoludan ayrılmalarının üzerinden bir asıra yakın bir süre geçmesine rağmen halâ Anadolu Türk kültürünün yaşatılması gerçekten anlaşılması çok zor bir olgu idi.

Aklıma Diaspora Ermenileri ve ASALA terör örgütünün vahşi cinayetleri geldi. Dekana birde bu gözle baktım. Acaba bunlarda onlardan biri olabilir mi sorusu dilimin ucuna geldi. Sonunda bu fikri kafamdan attım.

Hiç bir yaptırım ve zorunluluk olmamasına rağmen aileden gelen asırlık köklü ve geleneksel Türk- Ermeni kaynaşmasını devam ettirmelerine bakarak bu iki ortak kültürü ve kaynaşmış iki milleti biribirinden ayırmanın zor olabileceğini bir kere daha idrak ettim.

Peki, bu Diaspora Ermenilerinin yaptıkları neydi?

Cinayet işleyerek ne yapmak istiyorlardı?

İki milletin arasını bozarak ve birbirine düşman ederek ne elde edeceklerdi?

Bunun önceden hazırlanmış belli ve kesin bir cevabı yoktur. Fakat olabilecek tek mantıklı cevabı vardır. Bu cevap; Diaspora Ermenilerinin yakasını bir şekilde Türkiye üzerinde menfaati olan küresel mihraklara kaptırdıkları, onların çıkarları bitene kadar küresel güçlerin elinde Türklere karşı kullanacakları bir oyuncak olmaya devam edecek olmalarıdır.

Bundan yüz sene önce Osmanlı teb'ası olarak bin yıldır yaşadığı vatan topraklarını terkederek Brezilya'ya gitmelerine rağmen anavatan Türkiye'den ve Müslüman Türk toplumu ile içiçe yaşadıkları müşterek kültürlerinden geçen yüz yıl içinde kopmamış bir aile tanımıştım.

Sao-Paula'daki modern evlerinde halâ Türkçe konuşan, yetişen çocuklarına Zeki Müren ve Müzeyyen Senar şarkılarını dinlemeyi sevdiren ve İstanbul'dan geldiğimizi öğrenince hiç tanımadığı halde bizleri bağrına basarak misafir eden Ermeni ailenin bu davranışlarına doğrusu pek anlam verememiştim.

Klasik Türk Sanat Müziğinin Ermeni Bestekarları

Benim gibi pek çok kişinin de böyle davranışa akıl erdiremeyeceğini iyi biliyorum. Çünkü, bir şekilde yurt dışına yolu düşenlerin Türkiye'den giden Ermenilerin benzer tutumlarıyla karşılaştıklarına bazı arkadaşlarımın özel deneyimlerini dinleyerek şahit olmuştum.

Daha sonra, ÖNCE VATAN gazetesi yazı ailesinde birlikte görev yaptığım yakın dostum Tarihçi-Yazar Levon Panos Dabağyan'ı ve fikirlerini yakından tanıdıkça bu iki milleti birbirinden ayıran tek unsurun sadece dini inanış ve ibadet şekilleri olduğunu gördüm. Levon Panos Dabağyan kardeşimizden Türk-Ermeni dostluğunun köklü derinliğini ve bu iki ana unsuru birbirinden ayırmanın mümkün olmadığını pekiştiren çok güzel şeyler öğrendim.

Bugünün Türkiyesi küresel güç odaklarının önemli hedeflerinden biridir. Çünkü bulunduğu coğrafya bunu dikte ettiriyor. Türkiye üzerindeki küresel dış baskıların biri bitmeden diğeri başlıyor. Günümüz Türkiye'si; AB ve ABD'ye verilen sınırsız tavizler yüzünden zayıf, güçsüz ve her söyleneni yapmaya hazır olan, daima savunma durumunda bırakılmış izlenimi veren bir devlet görünümü almıştır.

Her taraftan ama ayni anda vuruyorlar. Adeta nereye karşı ve nasıl kendimizi savunacağımıza karar bile veremiyoruz. Dolayısı ile hep dayak yiyoruz..

Türkiye'ye karşı rutin hale dönüştürülmüş saldırı konularından biri de "Sözde Ermeni Soykırımı" iddiasının tarafımızdan kabul edilmiş olmasıdır. Bu alandaki saldırılardan birini atlatmadan diğeri başlar. Türkiye'nin tüm düşmanları sanki bir sıraya koymuşlar gibi Ermeni iddialarını en üst düzeyde dile getirerek ülkemizi köşeye sıkıştırmaya çalışır.

Bu konuda doğal olarak bizim içimizde yaşayan işbirlikçilerinden destek alırlar. Bilgisizliğimiz ve millet olarak ilgisizliğimiz bu tip saldırıların artmasında başlıca etkendir. Eğer düşmanımızı iyi bilirsek ona karşı tedbir almamız daha kolay olur.

Farz edelim ki, "Anadolu Ermenilerinin 1915-1918 yıllarında Türkler tarafından bir soykırıma tabi tutulduğu" iddiasındaki bir Karar Tasarısı; ABD, Rusya, Fransa, İngiltere veya bir başka ülke meclislerinde kabul edildi. Bu durumda ne olacaktır? Bu ülkelerin yönetimleri bizden bunun hesabını mı soracaktır?

İşte bu hesap sorma işi kesinlikle mümkün değildir. Türkiye'ye bunun hesabını sormanın ne siyasi, ne hukuki ve ne de başka bir şekilde mantıki bir izahı yoktur. Çünkü bu gibi boş iddiaların yaptırım gücü de yoktur.

Hiçbir ciddi hükümetin birkaç Ermeni oyu elde etme pahasına Türkiye gibi potansiyel güç merkezi konumundaki bir devlet ile karşı karşıya gelip çatışmayı göze alması beklenmemelidir. Bunu düşünmek dahi abesle iştigâldir. Yani boş hayâldir.

Anadolu Ermenileri 1000 yıla yakın bir süredir Müslüman Türk toplumu ile kaynaşmışlardır. Köklü Ermeni ve Türk Kültürleri birbirine yakınlaşmış ve birbirine benzemiş ve adeta bütünleşmiştir. İsteyen bütün araştırmacıların derhal hizmetine sunulan Osmanlı Devlet arşivini inceleyen tarihçiler Ermenilerin ülke yönetiminde en üst mevkilerde görev aldıklarını, çok mutlu ve müreffeh bir yaşam sürdüklerini göreceklerdir.

Dışardan destek ve şiddetli tahrik olmadığı sürece bizim Ermeni komşularımızdan herhangi şikâyetimiz olmadığı gibi Ermenilerin de bizden bir şikâyetleri olmamıştır.

Yıllardır batı kamuoylarında sıkça gündeme getirilen "ERMENİ SOYKIRIMI" iddiaları siyasi bir şovdur. Bu siyasi şovu iyi değerlendirmek zorundayız. Burada bize düşen önemli görev dış ilişkilerimizde aktif duruma geçip bize yapılana aynen karşılık vermemizdir.

Hangi ülkede Türklerin soykırım yaptığına dair bir iddia parlamento gündemine getirilirse, o ülke ile ilgili olarak tarihinde yaşanmış gerçek olaylara dayanarak benzeri olan "soykırım kınama kanunları" TBMM'de acilen kabul edilerek dünya kamuoyuna duyurulmalıdır.

Örneğin; *"ABD, Kızılderililer ile zencileri; Fransa, Korsikalılar ile Cezayirlileri; İngiltere, İrlandalıları; Almanya, Yahudileri; Rusya, Ahıskalılar ile Kırım Türklerini gerçek bir soykırıma tabi tutmuşlardır. Bu ülkeleri insanlık adına kınıyoruz."* şeklindeki basit ve klişeleşmiş bir karar alıp, bunu dünya kamuoyunda her platformda dile getirmek dahi karşı tarafı susturmaya yeter de artar bile.

Bunun için bizim hem millet ve hemde yönetim olarak en az onlar kadar cesur olmamız yeterlidir.

Burada şahsi tecrübelerime dayanarak kesin olarak söyleyebileceğim husus şudur; Türkler ve Ermeniler bin yılı aşkın bir süre içinde ortak kültür çatısı altında birlikte yaşayarak kaynaşmışlardır.

İşte bu gerçek, bizim bu davadaki haklı yanımızı temsil etmektedir.

Dış destekli tüm çabalar, tahrikler ve kışkırtmalar neticesinde geçmişte yaşanılan acı olaylar dahi bu iki millet arasındaki derin kardeşlik duygularını bozmaya yetmemiştir.

Kandırılmış ve beyni şartlandırılmış bazı istisnalar dışında bu iki kadim ve dost milletin büyük çoğunluğu birbiri ile kucaklaşmaya hazırdır.

Burada yöneticilerimize düşen temel görev; küresel mimarların oyuncağı durumundaki birkaç küçük yasadışı grup tarafından yapılan kışkırtmalara aldanmayıp milletin büyük kesimi ile kucaklaşmamızı sağlayacak kesin ve ciddi politikalar üretmek olmalıdır.

TÜRKİYE'NİN YENİ KAFKASLAR POLİTİKASI İÇİNDE BAĞIMSIZ ERMENİSTAN'IN YERİ

Rusya Federasyonu ve BDT (Bağımsız Devletler Topluluğu) için olduğu kadar; Avrupa Birliği ve ABD başta olmak üzere tüm dünyada KAFKASLAR BÖLGESİ uluslararası dış politikanın odak noktası olma konumunu muhafaza etmektedir.

Türkiye'yi Kafkaslardan ayrı düşünmek mümkün değildir. Kafkasya Bölgesi; Türkiye'nin uluslararası dış politikalarına etkisi yanında Türk unsurların bölgedeki varlığı ile iç politikasında da önemli rol oynamaktadır. Ayrıca Orta Asya Türk Cumhuriyetleri ile direkt temasın sağlanmasında da bölge bir köprü vazifesi görmektedir.

Kafkasya; coğrafi komşuluk, ekonomik işbirliği imkânları ve sahip olduğu doğal kaynakları ile Türkiye

161

için önemli bir ilgi alanıdır. Rusya'nın mevcut problemleri ve büyük ekonomik sıkıntıları yanında, sahip olduğu askeri gücü, kültürel, iktisadi ve idari yapısı ile teşkil ettiği potansiyel tehlike karşısında "Rusya ile bir tampon bölge" teşkil etmesi açısından da Türkiye için çok önemlidir.

Ermenistan ve Gürcistan ile Türkiye Cumhuriyeti arasında muhtemel bir dostluk ve barış sürecinin doğması ve devamının sağlanmasının bu ülkelerin yararına olacağı açıktır. Azerbaycan ile başlatılan dostluk ve işbirliği ortamının gelişerek devam etmesi de; hem bölge barışı ve hem de Asya Türk Cumhuriyetlerinin batı ile olan doğrudan bağlantıları için hayati önem arz etmektedir.

Türkiye'nin Ermenistan dahil, diger Kafkas ülkeleri ve Kafkas toplulukları ile ilgili imkan ve kabiliyetine göre uygulayabileceği alternatif dış politikaları özetle şunlardır;

1. SSCB'nin dağılması ile birlikte Kafkaslardan ülke bütünlüğümüze yönelen tehdit şimdilik ortadan kalkmıştır. Bu durum Türk dış politikasına yeni aktiviteler kazandırmıştır. Kafkaslar; Türkiye için stratejik değere sahiptir. Türkiye eline geçen bu imkânı kendi güvenliği açısından en iyi şekilde kullanmak zorundadır.

2. Orta Asyadaki Türk Cumhuriyetlerinin tamamı bağımsızlığını kazandıktan sonra Türkiye'nin bu bölge ile bağlantısı daha da önem kazanmıştır. Bu bağlantı; Rusya Federasyonu, Kafkaslar ve İran gibi üç ana yol üzerinden sağlanabilir. Türkiye için en güvenli olanı Kafkaslar ve Azerbaycan üzerinden yapılacak olandır.

3. Kafkasların Türkiye'ye müzahir olmayan pek çok devlet ve millet topluluğundan meydana gelen çok karmaşık yapısı Türkiye'nin bölgedeki güvenliği için bir olumsuzluk nedenidir. Bu olumsuzluğun ana aktörleri ise İran, Ermenistan ve Rusya'dır. Tek olumlu tek faktör dost ve kardeş Azerbaycan'ın bu bölgede bulunmasıdır..

Kıbrıs Adası, Türkiye'nin güvenliği için ne kadar önemli ise Azerbaycan'da en az Kıbrıs kadar önemlidir.

Bu bakımdan Türkiye'nin Kafkasya'daki temel politikası Azerbaycan'ı her alanda desteklemeğe ve güçlendirmeye dayalıdır. Oysa bugün Azerbaycan topraklarının önemli bir bölümü Ermenistan işgali altındadır. Bir milyon kadar Azeri Türkü Karabağ bölgesindeki ata topraklarından koparılarak bugün mülteci durumuna düşürülmüştür.

4. Sınır komşumuz Ermenistan Cumhuriyeti; Kafkaslar bölgesinde Türkiye'nin başını ağrıtacak ülkedir Çünkü Ermenistan, kendi siyasi çıkarları için Kafkasların zaten karmaşık olan siyasi yapısına dış faktörleri çekmeği dış politika ilkesi haline getirmiştir.

Bu durum Türkiye'yi daha önce de olduğu gibi bölge dışından gelen ve özellikle batılı devletlerle karşı karşıya getirmektedir. Türkiye buna daima hazır olmak durumundadır. Ermenistan Osmanlı'dan kalan "Ermeni Soykırımı" iddialarını her platformda canlı tutmaktadır.

5. Türkiye; Ermenistan politikasında bu ülkenin deniz bağlantısının olmamasından doğan dezavantajını çok iyi kullanmak zorundadır. Bu devletle olan tüm ilişkilerinde birtakım dostluk heveslerine ve gereksiz iyi niyet gösterilerine kapılmadan aklıselim ve sağduyusu ile hareket etmelidir. Türkiyede milli menfaati olan küresel mimarların küçük Ermenistan'ı büyük Türkiyeye karşı kullanmaktan asla kaçınmayacakları bilinen bir gerçek olarak ortada durmaktadır. Dikkat edilmelidir..

6. Türkiye için Kafkasya'da bir diğer önemli sorun da İran'dır. Doğu komşumuz İran Azerbaycanında bugün bağımsız Azerbaycan Cumhuriyetinin birkaç katı Azeri yaşamaktadır. Bölünmüş Azeriler bölgenin sorun kaynağı olup her an kaşınabilecek ciddi bir yaradır..

İran Devleti; Türkiye'nin daima yanında olan dost ve kardeş Azerbaycan faktörünü dikkate almak ve onu zayıflatmak için her çareye başvurabilir. Ankara-Bakü eksenine bir alternatif olarak bölgede Tahran-Erivan ve hatta Tahran-Moskova ekseninin kurulması her zaman mümkündür. Türkiye'nin İran'ın bölgedeki her türlü faaliyetini dikkatle izlemesi Kafkasyadaki hayati çıkarları açısından önem taşımaktadır.

7. Bütün bunların içinde Türkiye için bölgede sıkıntı yaratacak ana faktör Rusya'dır. Türkiye'ye yönelik Çarlık Rusya'sından gelen temel hedefler değişmemiştir ve aynen muhafaza edilmektedir. Türkiye bugün Rusya'yı değişmez hedeflerinden uzaklaştırmak için Rus yönetimi ile çeşitli işbirliği projelerine girmiştir. Bunlardan biri de Karadeniz Ekonomik İşbirliği Projesidir.

Bunların yanında Türkiye; Karabağ meselesine Rusya'yı da ortak ederek (Ermenistan üzerindeki etkinliği dolayısıyla) çözüm için işbirliği yaratmak istemiştir. Ama bu çabalar sonuç vermemiştir. Özetle Rusya Federasyonu; Türkiye'nin tüm çabalarına rağmen bölgedeki varlığı için Türkiye'yi halâ en büyük tehdit ve milli politikalarına engel bir devlet olarak görmektedir. Bu yüzden hiç bir zaman Türkiye ile işbirliği içinde olmak istememektedir.

8. Kafkaslar da Türkiye'nin önem vermesi gereken ülkelerden biri de Gürcistan'dır. Bu ülke her açıdan Rusya Federasyonu'na bağımlıdır. Gürcistan ile ilişkilerimizde de daima Rusya faktörü göz önünde bulundurulmalıdır..

Kafkas Toplulukları Geleneksel Halk Dansları

Sonuç olarak Kafkasya; Türkiye için olduğu kadar Rusya Federasyonu içinde çok önemlidir. Bu bakımdan Türkiye'nin bölge ülkeleri ile ilişkilerini sürdürürken göz önünde bulundurması gereken genel prensiplerin özünde Rusya ile olan ikili ilişkilerimiz yatmaktadır.

Türkiye'nin bölgedeki hareket tarzlarında Rusya'ya ilişkin dikkat edeceği hususlar şunlardır;

* Kafkas ülkelerine yaklaşımın PAN-TÜRKİST karakterli olmamasına özellikle dikkat edilmelidir. Ve ikili ilişkilerin geliştirilmesinde Rusya karşımıza alınmamalıdır.

* Uluslararası kuruluşlar ve bilhassa ilişkili olduğumuz batı ülkeleri nezdinde Türkiye'nin yayılmacı bir ülke imajı yaratmamasına dikkat edilmelidir.

* Bölge ülkelerinin Rusya Federasyonu ile olan ilişkileri ve bağımsızlıklarının derecesi takip edilerek Türkiye'nin politikaları buna göre şekillendirilmelidir.

Yukarıdaki genel prensipler çerçevesinde bölgedeki hedeflerimiz şunlar olabilir;

(1) Kafkasya'yı Orta Asya ve Rusya ile ulaşım yollarımız bakımından rahat geçit veren köprü durumuna getirmek.

(2) Rus yayılmacılığının yeniden canlanması ihtimaline karşı bu bölgeyi bir tampon bölge haline getirmek,

(3) ABD ve AB ülkelerinin Ermenistan'la yakın ilişkilerini dikkatle izlemek. Büyük Ermenistan hayali peşinde olan Ermeni yöneticileri ile yakın diyalog içine girerek Türkiye ile işbirliğinin Ermenistan'ın bekası için hayati önemi haiz olduğunu her platformda vurgulayarak bu küçük ülkenin Türkiye karşıtı küresel güçler elinde oyuncak olmasına mani olmak,

(4) Türk ekonomisinin güçlendirilmesi için karşılıklı çıkar ilkesi korunmak kaydı ile Kafkasya bölgesinin ekonomik potansiyelinden azami yararlanmaktır.

Türkiye Cumhuriyeti Devletini oluşturan Anadolu Türkleri sayıları 250 milyona yaklaşan Türk dünyası için merkez konumundaki temel yapıdır. Anadolu dışındaki Türk gözleri ve Türk beyinleri Anadoluya odaklanmıştır. Dünya Türkleri için Türkiye Cumhuriyeti; bir ışık, bir rehberdir. Ulaşılması gereken bir hedeftir. Türkiye; dünya sathına yayılmış Türklerin yaşamlarının ilham kaynağı ve beka'larının manevi dayanağıdır.

Geçen asrın başında Türk Milleti, Gazi Mustafa Kemal Atatürk'ün önderliğinde sömürgecilere karşı milli kurtuluş mücadelesi vererek dünyaya emperyalizmin de yenilebileceğini ispat etmiştir.

Dünyanın merkezindeki bir coğrafyada hür ve bağımsız Türkiye Cumhuriyeti Devletini kuran milletimiz, geçen yüz yılda dünya siyasi coğrafyasının değişmesine, pek çok ülkenin istiklâlini kazanmasına örnek olmuştur.

Dünya Türklerinin bize bakış açılarını ve Türkiye Cumhuriyetinden beklentilerini Gazi çok iyi tespit etmiş, ve ülkeyi koruyup, kollayacak gurur ve güç kaynağımız Türk Silahlı Kuvvetlerine şu tarihi emrini vermiştir;

"Türk vatanının ve Türklük camiasının şan ve şerefini, dâhili ve harici her türlü tehlikelere karşı korumaktan ibaret olan vazifeni her an ifaya hazır ve amade olduğuna benim ve Büyük Milletimizin tam bir inan ve itimadımız vardır."

Görüldüğü gibi, Türk Silahlı Kuvvetleri için sadece Türkiye Türklerinin değil, bütün Türklük camiasının dâhili ve harici her türlü tehlikelere karşı korunması görevi verilmiştir. Bu ulaşılması gereken bir hedeftir.

Bu hedef; bir ışık yayma, milli ruh kazandırma ve yol gösterme azmini gösterir. Bu hedef, dünya Türklerine anlayabilecekleri dilde verilmiş "Her zaman yanınızdayız" anlamındaki açık mesajdır.

İşte bu mesajın gerçekleşmesine giden yol haritası Kafkaslar üzerindeki hâkimiyetimizi zorunlu kılmaktadır.

BİTİRİRKEN

ERMENİ SOYKIRIMI İDDİALARINA KARŞI TÜRKİYE NELER YAPABİLİR ?

Türkiye'ye karşı cephe oluşturmuş küresel güçlerin maşası durumundaki Diaspora Ermenileri; her sene "ERMENİ SOYKIRIMI" günü olarak kabul ettikleri 24 Nisan tarihinde yerleştikleri ülkelerde çeşitli etkinliklerle konuyu gündeme taşırlar.

Yerel ve merkezi yönetimleri Türkiye aleyhine karar almaya zorlayan geleneksel tutum ve davranışları kaldıkları yerden devam eder. Ertesi yıl yapacakları 24 Nisan mücadelelerini daha güçlü şekilde icra etmek için birbirlerine söz vererek dağılırlar. Bu rutin faaliyeti 1965 yılından beri bıkmadan sürdürürler.

Ermeni Diasporası'nın olmamış olayları olmuş gibi göstererek tüm dünyada Türkiye Cumhuriyeti Devletini ve Türk milletini, " Ermenileri soykırıma uğratmış bir ülke ve soykırım yapan insanlar" gibi göstermeye çalışmaları daima sonuçsuz kalmaya mahkûmdur. Çünkü yalan-yanlış ve eksik bilgilerle ulaşılacak hedefler her zaman sınırlıdır. Hakikat er veya geç ortaya çıkar. Eğer biz devlet ve millet olarak dik durmaya devam edersek sonsuza kadar da başarısız kalacakları da kesindir.

Her geçen gün güçlenerek bölgesinde ve yakın çevresinde daima sözü geçen önemli bir potansiyel çekim merkezi olduğu artık açıkça kabul edilen Türkiye'nin düşmanları giderek artmaktadır. Bu arada her alanda bize muhtaç durumdaki küçük Ermenistan Devleti'de adeta maşa gibi kullanılarak bir bardak suda fırtına koparılmak istenmektedir.

Günümüzde Türkiye Cumhuriyeti tarihi gerçekler saptırılmak suretiyle sistemli ve çok taraflı saldırı ile karşı karşıya bulunmaktadır. Türkiye'nin bu sistemli ve sürekli saldırıya karşı koyacak gücü ve yeterli tecrübesi vardır.

Burada dikkatle düşünmeliyiz ve aklıselimimizi kullanarak fevri ve mantıksız davranışlardan kaçınmalıyız.

Kanaatime göre, 2007 Türkiye'sine yönelen küresel düşmanlarının temel hedefi; Türk milletini kışkırtarak ülkemizde asırlardır kardeş kardeşe yaşadığımız Ermeni yurttaşlarımız ile komşumuz Ermenistan'da yaşayan ve bu olaylardan en az bizim kadar rahatsız ve huzursuz olduklarını bildiğimiz Ermeni kardeşlerimize 6-7 Eylül Olayları benzeri bir saldırı yapılması için müsait ortam hazırlamaktır. Bu oyuna asla alet olunmamalıdır.

Doğu komşumuz Ermenistan; bulunduğu coğrafi konuma, çok zayıf ekonomik ve askeri gücüne bakmadan, istiklâlinin ilanını müteakip komşusu Azerbaycan ile savaşa girmiş; topraklarını işgâl etmiş, 1.5 milyon Azeri Türkünü mülteci durumuna düşürmüştür.

Günümüzün Bağımsız Ermenistan Cumhuriyeti; Türkiye-Ermenistan sınırlarını belirleyen 1921 tarihli <u>Kars</u> ve <u>Gümrü</u> Antlaşmalarını kabul etmediğini, yani bugünkü sınırlarımızı tanımadığını açıklamamıştır.

Türkiye, Ermenistan'ın en önemli ve her sahada muhtaç olduğu tek komşusu olmasına ve Türkiye ile vaki dostluğun kendilerine sadece maddi menfaat sağlayacağını bilmelerine rağmen Ermenistan; beceriksiz ve basiretsiz yöneticiler elinde dünya emperyalizminin basit bir maşası olmaya devam etmektedir.

Hâlbuki Ermenistan'ın Türkiye ile herhangi bir çatışma veya sürtüşmeye girmesi değil, aksine onunla her alanda çok yakın işbirliğinde bulunması gerekmektedir. Bunun tersini düşünmek bu ülke için hayalperestlik olur.

Bu ülkenin; konumu ve mevcut potansiyeli ile sonunun hüsranla biteceği apaçık görünen maceralara atılmak gibi bir lüksü olamaz. Olmamalıdır.

Türk Milleti; dost ve müttefiki ülkeler içinde her yıl 24 Nisan tarihinde plânlı ve proğramlı olarak gündeme getirilen, daima canlı tutulmak istenen "Ermeni Soykırımı konusunun Türkiye tarafından kabul edilmesi" gibi rutin karar tasarılarından rahatsız ve huzursuzdur.

Ama artık ülkemiz 1980'lerdeki gibi hazırlıksız değildir. O günden beri sözde Ermeni Soykırımı ile ilgili gerçekler, her plâtformda bilim esas alınarak konuşulmuş ve konunun uzmanları tarafından tartışılmıştır. Sonunda Türk kamuoyu, bu konuda yeteri kadar bilgilendirilmiş ve bilinçlendirilmiştir. Mücadeleye hazır hale getirilmiştir.

Üniversitelerimizde oluşturulan "Ermeni Olaylarını Araştırma Merkezleri" bünyesi içerisinde, ayrıca Sosyal Bilimler Enstitülerimizde "Ermeni Soykırımı" konusu tamamen bilimsel metotlarla derinliğine irdelenmekte, araştırılıp incelenmektedir. Ortaya çıkan sonuçlar Türk ve dünya kamuoyuna sunulmaktadır.

Pek çok üniversitemiz; uluslararası seviyede tertip ettikleri seminer ve sempozyumlarda konuyu pek çok kez bilimsel olarak masaya yatırmışlardır. Çalışmalarda bilim adamlarımız, diaspora Ermenilerinin soykırım iddialarının tamamen asılsız ve yalan olduğunu belgeleriyle ortaya koymuşlardır. Bütün iddiaları teker teker bilimsel verilerle çürütmüşlerdir. Dünyanın büyük kütüphanelerinin kitap raflarını süsleyen Ermeni kaynaklı bütün sahte yayınların, tarihçi bilim adamlarınca değil, siyasilerce para karşılığı hazırlatıldığını kaynaklar göstererek ispat etmişlerdir.

Soykırım iddialarını çürütecek tarzda hazırlanan belge niteliğindeki pekçok bilimsel kitap ve doküman yabancı dillere de çevrilerek Ermeni Terör Örgütlerini destekleyen ülkeler başta olmak üzere tüm dünya sathına yayılmıştır.

Bugün dünyada pekçok ülkenin parlamentolarının ve üniversitelerinin kütüphanelerini karıştıranlar; eskiden sadece sözde Ermeni yazarların yalan dolu kitaplarına ulaşırken, bugün bunların yanında Türk ve yabancı gerçek bilim adamlarının hazırladıkları eserlere ulaşabilmektedir. Bunlar, Türkiye Cumhuriyetinin konuya ilişkin tezini destekleyecek ciddi kazanımlar olarak görülmelidir.

Günümüz insanı aklını ve mantığını kullanırsa; sözde demokrasinin beşiği olarak kabul edilen Fransa'da yaşanan, "Ermeni Soykırımını kınayan yasa çıkartılmasını ve soykırım yoktur diyenlere hapis cezası uygulaması" getirilmesini, başkent Paris'in en işlek yerine inşa edilen Ermeni soykırımını temsil eden anıtın çok görkemli devlet törenleri ile açılışının yapılmasını, bir kaç siyasetçinin yaptığı ucuz siyasi şov'un ötesine geçmediğini görecektir.

Dünün emperyalist sömürgecisi olan ve bugün artık kendilerini gelişmiş ülkeler olarak nitelendiren ülkelerin; artık Türkiye gibi potansiyeli olan bir ülkeye kolay kolay yaptırım uygulayamayacaklarının bilincine erişmiş olması gerekiyor. Ama erişemediklerine de şahit olunuyor.

Günümüzde asrımızın en gözde ve yaygın olarak kullanılan silahı olan Internet'te Ermenilerle ilgili olan gerçeklerin yer aldığı tamamen bilimsel kaynaklarla beslenmiş nitelikli birçok sitemiz mevcuttur. Bu ciddi çalışmalar Türkiye Cumhuriyeti açısından sorunlarımıza sahip çıktığımızın iyi bir göstergesidir. Milletimizin konuyu sahiplendiğinin ispatıdır.

Ermeni soykırımı ile ilgili boş safsataları bütün yönleriyle irdeleyen ciddi ve kapsamlı sitelerden biri de, http://www.ermenisorunu.gen.tr'dir. Konu ile ilgilenen insanlarımıza yeterli bilgileri sunacak şekilde tasarlanan bu ve benzeri sitelerin incelenmesini yararlı görüyorum.

Kanaatime göre; bugüne kadar periyodik olarak karşımıza geldiği için artık alışmamız gereken olayları fazla büyütmeye gerek yoktur. 24 Nisan'larda dünya devletlerinin parlamentolarında yaşanan ve tamamen birer siyasi şov niteliği taşıyan olaylar serisi artık kesinlikle abartılmamalı ve dikkate alınmamalıdır.

Bütün bunlar kendi siyasi düzeni içinde sürecini tamamlayacaklar ve sabun köpüğü gibi söneceklerdir.

Burada bizim için irdelenmesi gereken husus, 24 Nisan etkinliklerini büyük sevinç ve memnuniyet ile karşılayan komşumuz Ermenistan Yönetimi'nin yanlış ve çok gereksiz tutum ve davranışıdır.

Ekonomi dâhil her açıdan son derece kötü durumda olan, kuzeyi hariç üç tarafı Türklerle çevrili bu küçük ülke yöneticilerinin akıllarını başlarına toplaması lazımdır..

Eğer onlar bizi Osmanlı'nın devamı gibi görüp Osmanlı ile olan hesaplarını bizden sormaya kalkarlarsa. O zaman bizimde kendimizi Osmanlı gibi görme hakkımız doğar. Bu da; tarih boyunca egemen olduğumuz ata topraklarını bizimde geri isteme ve alma hakkımız var demektir. Burada zararlı çıkanın kim olacağını söylemeye gerek yoktur. Çünkü "Arif olan anlar" şeklinde güzel bir sözümüz vardır. Demek ki bunlar arif olamamışlardır..

Ermeni yöneticileri; Türkiye'den özür dileyip ABD, Fransa ve diğer ülkelerde yapılanların kendileri ile hiç bir ilgisi olmadığını vurgulayarak, Türkiye ile ve komşusu Azerbaycan ile gerçek bir dostluk ve iyi komşuluk

171

istediklerini açıkça ortaya koymalıdırlar. Bu kapsamda somut adımlar atılması Ermeni milletinin milli çıkarları gereğidir. Ve zorunluluktur.

Şurası unutulmamalıdır ki, bütün ekonomik ve diğer güçlüklerine rağmen Türkiye Cumhuriyeti; büyük, güçlü, güvenilir, her zaman dikkate alınarak dostluğunun aranması ve düşmanlığından ciddi şekilde korkulması gereken bir ülkedir.

Türkiye; kendi politikalarını plânlayabilecek ve bunu hiç bir güce dayanmadan uygulayabilecek bir büyük bölgesel güç merkezidir.

Bulunduğu coğrafya ve sahip olduğu potansiyel güç Türkiye'ye; sadece Batının değil, dünyanın dört bir yanındaki çağdaş kurum ve kuruluşlardan sonuna kadar yararlanabilmesi ve her alanda yeni politikalar üretmesine imkân verir.

Bu gücü vardır. Yeterli tecrübesi vardır. Yeterli insan gücü ve alt yapı potansiyeli mevcuttur.

Yeter ki, Türk kamuoyunun haklı infialini ve isteklerini duyarak, halkının desteğine güvenerek bunları harekete geçirebilecek yetenekte yönetim kadroları olsun.

Türk halkının ülkemizde bin yıldır birlikte yaşayan Ermeni vatandaşları ile hiç bir sorunu yoktur. Yarında sorunumuz olmayacaktır. 20 sene sonra nüfusu 2 milyona düşeceği açıkça belli olan 200 milyonluk bir Türk Dünyası ile çevrilmiş Ermenistan'ın 100 milyonluk bir Türkiye ile barış içinde yaşama politikasından başka alternatif bir plânı olamayacağını artık anlaması gerekmektedir.

Eğer ciddi olarak tedbir alınmadığı takdirde her fırsatta ve her zaman sözde Ermeni Soykırımı konusunun bizi rahatsız edeceği kesindir. İşte bu yüzden daima ABD ve Fransa gibi davranabilecek devletlerin bulunabileceği dikkate alınarak örnek teşkil etmesi bakımından uzun ve kısa vadede ne gibi yaptırımlar uygulanabilir sorusuna cevaplar bulmaya çalışalım.

KISA VADEDE NELER YAPABİLİRİZ:

(Örnek olarak Fransa alınmıştır.)

1.) TBMM, öncelikli olarak " Türkiye; 1950 yılında Cezayir Halkının Fransa hükümeti tarafından soykırıma uğratıldığını kabul eder. Bunun aksini iddia edenlere cezai müeyyideler uygulanır." şeklinde tek maddelik bir kanun çıkartılır. Kanun ayni gün onaylanarak yürürlüğe sokulur. Kanunun derhal ve çekinmeden uygulanacağı hususu tüm dünyaya anons edilir.

2.) Fransa'da yaşayan Türk vatandaşlarımızın mali tasarruflarını Fransız bankalarında değil de, Türkiye'nin bankalarında değerlendirmeleri hususu gündeme getirilir. Bu maksatla devletçe kendilerine teşvik edici faiz özel bir uygulaması ve işlem kolaylıkları sağlanır.

3.) Fransa Büyükelçimiz derhal geriye çağrılır. Bu ülke ile ilişkilerimiz "Maslahatgüzar" seviyesine indirilir. Uzun süre bu uygulamaya devam edilir.

4.) Fransa'ya turistik amaçlı gitmek isteyen Türkler için yasal ve ekonomik ciddi zorluklar getirilir. Ayrıca Türkiye'ye gelmek isteyen Fransız vatandaşlarına da çok ağır vize şartları uygulanır..

5.) Fransa ile mevcut iktisadi anlaşmalar uyarınca yapılan işbirliği zaman içinde sıfırlanacak şekilde yavaş yavaş azaltılır. Kendi iş yerlerimizi ekonomik açıdan iflas ettirmeyecek ve milli gelirimize zarar vermeyecek şekilde Fransız menşeli mallara örtülü ambargo uygulanır. Zaman içinde Fransız malları ile iş yapan kuruluşlarımıza devletçe sahip çıkılarak benzeri üçüncü ülke pazarları ile iş yapmaları sağlanır.

6.) Ermenistan; siyasi ve ekonomik başta olmak üzere her alanda ablukaya alınır. Her plâtformda Ermenistan yöneticileri kınanır. Ermenistan'a dolaylı veya dolaysız destek veren ülkelerle ilişkiler yeniden gözden geçirilir. Bu harekete Ermenistan açıkça Türkiye Cumhuriyetinden ve Türk milletinden özür dileyene ve kardeş Azerbaycan topraklarındaki işgale son verene kadar devam edilir.

7.) Üniversitelerimiz ve seçilmiş STK'larına (sivil toplum kuruluşlarımıza) bu konuda en az bir Konferans, Seminer, Sempozyum, Panel, Açık Oturum v.s. gibi bilimsel toplantı yaptırılır. Çıkan sonuçlar çeşitli dillerde bastırılarak dünya kamuoyuna ve önemli kütüphanelere dağıtılır. Basın-Yayın organlarımızın bu tip toplantıları görüntülemesi ve yayması teşvik edilir.

8.) Sivil toplum kuruluşlarımız ve halkımız organize edilerek gerek yurtiçinde ve gerekse Türklerin yoğun olarak yaşadığı dış ülkelerde telin ve kınama toplantıları yapılır. E-posta, Faks ve SMS gibi çağımız iletişim kolaylıkları yoğun şekilde kullanıma sokularak bu sonucu yaratan ülkenin tüm üst yönetim kademeleri kınanır ve aklıselime davet edilir.

9.) Sokak ve caddelere verilen isimler törenle sökülür. Yerine karşıt düşünceyi çağrıştıran isimler konulur. Tören resim ve filmleri Fransa yönetimine gönderilir. Paris Caddesi'nin adının "Cezayir Şehitleri Caddesi" olarak değiştirilmesi gibi tedbirler alınabilir. Fakat gerçekte bunun aksinin yapıldığını, Beyoğlu Cezayir Sokağı'nın adının Fransa Sokağı olarak değiştiren bir yönetim kafasına sahip olduğumuzu da vurgulamak gerekiyor..

10.) Türkiye'nin her zaman Fransa'ya muhtaç olduğu izlenimini verecek şekilde "Konuyu fazla abartmayalım, lüzumundan fazla değer vermeyelim, Fransız dostları küstürmeyelim" şeklindeki bozguncu yayınlarıyla halkın beynini bulandıran köşe yazarlarımız şiddetle kınanır ve onlara Fransa'nın değil bu vatanın çocukları oldukları bir kere daha hatırlatılır.

Bütün bunlar her ülke için ayrı ayrı o ülke ile olan ilişkilerimiz dikkate alınarak uygulanabilecek örnek bazı tedbirlerdir. Bu tedbirler, Fransa ile tarihi ikili ilişkilerimiz dikkate alınarak sadece örnek olmak üzere verilmiştir.

Yukarıdaki maddeler çoğaltılabilir veya azaltılabilir ve yaptırım gücü çok daha fazla tedbirler düşünülebilir.

Şimdi de kısa vadede acilen alınabilecek tedbirler yanında "Plânlı olarak uzun vadede neler yapabiliriz?" sorusuna cevap bulmaya çalışalım.

UZUN VADEDE NELER YAPABİLİRİZ:

1.) Öncelikle "Ermeni Soykırımı iddiası" nedir ve ne değildir? Sorusuna bilimsel olarak açıklık getirilir. Bu konuda halkımız bilgilendirilebilir.

Kamuoyunun geniş desteğini alabilmek için son derece elzem olan bu hususu gerçekleştirmek maksadıyla konu devletçe sahiplenilir ve bilinçli bir şekilde eğitim müesseselerimize taşınabilir.

2.) Türkiye, Ermeni Soykırımı iddiaları gündeme geldiğinde hep savunmada kalmış ve mevcut saldırıları hızla defedebilecek geçici tedbirlerle yetinmiştir. Halbuki, soykırım konusu her gündeme geldiğinde eksik bilgilerle ve yarım tedbirlerle yetinmeyip, milli gücümüzün tüm unsurlarını kullanarak artık her alanda savunmaya değil, taarruza geçmemizi sağlayacak plân ve programlar üretilebilir.

Türkiye'ye yönelen tehdidin vüs'atini ve muhtemel hareket tarzlarını önceden belirleyip buna karşı hangi organlarımızla neler yapılabilir? Sorusu kapşamlı şekilde irdelenip, plânları hazırlanır. Plânlar, sık sık tatbikatlar ile güncellenip daima hazır halde bulundurulur.

3.) Devlet Plânlama Teşkilatı bünyesinde kamu gücü ile beraber tüm sivil toplum kuruluşlarını harekete geçirecek, plân ve programları yönetecek bir devamlı bir kadro oluşturulabilir.

4.) YÖK'nun koordinatörlüğünde Üniversitelerin tüm imkânlarını geniş ölçüde devreye sokarak gerçek ve belgesel nitelikli kitap, doküman, film, CD ve video kasetlerden oluşan bir materyal hazırlatılır ve bunlar ilgili ülkelere yayılır.

5.) Türkiye Kamuoyunu devamlı bilgilendirerek, yapılacak tüm saldırılar karşısında sağduyulu ve bilinçli hareket etmeleri için onlara bağışıklık kazandırabilir.

Sonuç olarak;

Eğer şimdiden gerekli tedbirleri almaz isek, biz her yıl ERMENİ SOYKIRIMI SENDROMU'nu yaşamaya devam ederiz.

Her açıdan haklı olduğumuz davada haksız duruma düşmememiz için plânlı, proğramlı ve sürekli bir çalışma içine girmemiz kaçınılmazdır.

Türk milleti, küresel güçlerin oynadığı oyunları artık görmelidir. Ve tüm oyunları kaynağından itibaren bozmaya hazır olmalıdır. Bunun ilk ve vazgeçilemez şartı da milli eğitimle bilgilenmek ve bilinçlenmektir.

Dün emperyalizme ve sömürgeci ülkelere karşı verdiği kurtuluş mücadelesi ile bağımsız Türkiye'yi kuran Türk milleti; bugünün küresel saldırılarına karşı kurduğu cumhuriyeti koruyacak güçte ve kararlılıktadır. Ve bu kararlılığımız dostlarımıza güven, düşmanlarımıza korku vermektedir..

YAZAR HAKKINDA

Dr. Tahir Tamer Kumkale   Eserlerinden bazıları

1947'de Zonguldak'ta doğan Tahir Tamer Kumkale; 1961'de Selimiye Askeri Ortaokulunu, 1964'de Kuleli Askeri Lisesini, 1966'da Topçu Asteğmeni olarak Kara Harp Okulunu, 1967'de Topçu ve Füze Okulunu, 1977'de Kara Harp Akademisini, 1984'de Silahlı Kuvvetler Akademisini bitirmiştir.

Asker Kumkale; 30 yıl Türk ordusunun çeşitli birimlerinde Topçu Bölük/Batarya K., Piyade Tabur K. ve Mekanize Piyade Alay K.lığı yapmıştır. Karargah hizmeti olarak MGK.Genel Sekreterliği, Harp Akademileri, Genelkurmay, KKK.lığı, 3'ncü Ordu, Ege Ordusu ve 8 nci P.Tüm.'de görev almıştır. 1983-1985'de kuruluşunu yaptığı Milli Güvenlik Kurulu Genel Sekreterliği Toplumla İlişkiler Başkanlığında (Psikolojik Harekat Teşkilatı) yöneticilik yapmıştır. 1996'da Harp Akademileri Askeri Bilimler Araştırma Merkezinden Kurmay Kıdemli Albay rütbesi ile emekli olmuştur.

1986'da Ankara Üni. Türk İnkılâp Tarihi Enstitüsü doktora programını "Atatürk'ün Ekonomik Görüşleri" tezi ile bitirip Cumhuriyet Tarihi doktoru olmuştur. Türk toplumunun aydın kesimine hitaben iki binden fazla konferans vermiştir. Bu konferanslarda; Türkiye'de Yıkıcı ve Bölücü Akımlar, Türk Tarihi, Atatürkçülük ve Türk Kültürü konularını işlemiştir.

1980-1983'de TRT'de yayına giren; "Canlı Tarih", "Tarihte Ermeniler", "Boy Hedefi Türkiye", "Neden Hedef Türkiye", "Vatan Borcu" filmlerinin yapım ve yönetimini üstlenmiştir. 2007'de "Kumkale Bölgesi Muharebesinin 92'nci Yılında Birinci Anma Töreni" başlıklı belgeseli hazırlamıştır...

1987'de Trakya Üniversitesinde vermeğe başladığı Atatürk İlkeleri ve İnkılâp Tarihi derslerine 1995'den itibaren İTÜ'de, 1997'den itibaren Fatih Üniversitesinde devam etmiştir. 2000-2002 yıllarında Fatih Üniversitesi "Atatürk İlkeleri ve İnkılâp Tarihi Bölümü ve Atatürk Araştırma Merkezi Koordinatörü" görevini yürütmüştür..

15 yıl Genelkurmay Türk Askeri Tarih Komisyonu Genel Kurul üyesi olarak görev yapan Kumkale'nin basılmış 25 kitabı mevcuttur. Türk-Rus İlişkileri -Türklerde Motivasyon - Neden ve Nasıl Atatürkçülük -Küçük Adada Büyük Oyunlar -Beynimizi Kimler ve Nasıl Yönetiyorlar -Atatürkçü Olabilmek -Atatürkçü Olmak -Türk İnsan Mühendisliği -Ermeni Soykırım Yalanları -Derin Devlet -Atatürk'ün Ekonomik Mucizesi -Devr'i Tayyip -Psikolojik Savaş - Asimetrik Savaş -Putin'in Rusyası -Kıbrıs'ta Sona Doğru -Okuyorum -Kumkale Muharebeleri, - Tayyip Kalfa ve Gündem eserlerinden bazılarıdır.

10 Ocak 2000'den başlayarak BİLDİRİ-YORUM sitesinde (www.kumkale.net) Türkiye'nin güncel sorunlarına ilişkin düşüncelerini yazmaktadır. 1997'de BİZİM ANADOLU Gazetesi ile başladığı gazete köşe yazarlığına ÖNCEVATAN, HÜRYILDIZ, TUFAN, GÜNBOYU, TÜRKHABER ve ULUSALSES gazetelerinde devam etmiştir.

Evli ve üç çocuk babası olan Dr. Tahir Tamer Kumkale İngilizce bilmektedir.

www.ingramcontent.com/pod-product-compliance
Lightning Source LLC
Chambersburg PA
CBHW062003280526
45787CB00005B/1977